贝页
ENRICH YOUR LIFE

IN SEARCH OF A THEORY OF EVERYTHING

The Philosophy Behind Physics

原子、苏格拉底和量子物理

追寻万物理论

[美] 德梅特里斯·尼古拉德斯 著　李 磊 译
（Demetris Nicolaides）

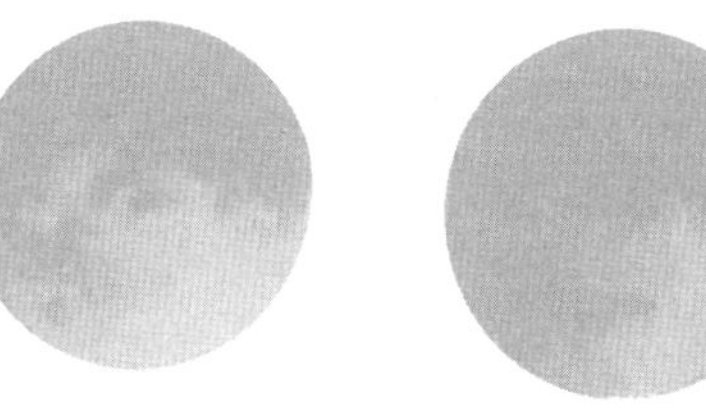

文匯出版社

献给玛丽亚-克里斯蒂娜，世上最珍贵的，我的女儿！

献给安娜，我至爱之妻

也献给我父母的记忆，以及他们无条件的爱

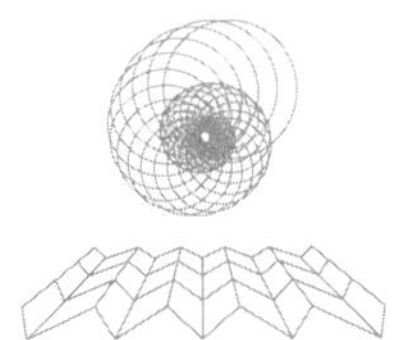

目　录

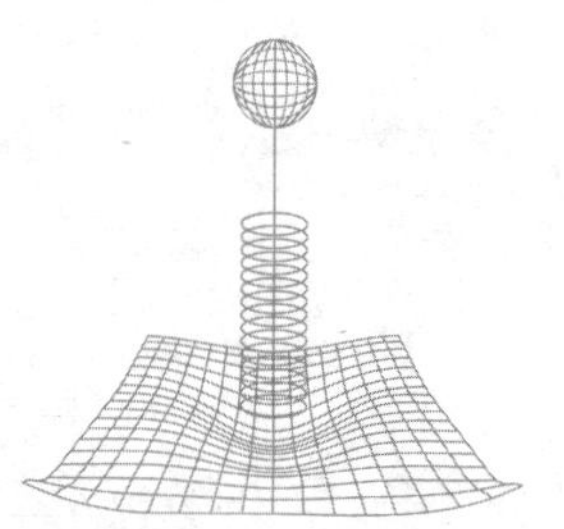

引　言

作为一段时空冒险之旅，《原子、苏格拉底和量子物理：追寻万物理论》想通过颇有影响力的古希腊思想家的自然哲学和现代物理定律之间的一种罕见却灵活的互动，来寻找一种统一的"万物理论"（theory of eveything, TOE）。对一种万物理论来说，自然界的所有现象都有一个不易察觉的共性，而且可以用一个包罗万象的、不变的原理来解释。阅读过去的思想本身就极有价值，而从现代认知的角度去阅读同样大有可观。不应该因其缺陷而评判它，要从其中的洞见获得启发。这种对宇宙的比较研究就是《原子、苏格拉底和量子物理：追寻万物理论》一书的精神——通过哲学探寻物理学，通过旧事物了解新事物，以一种平衡的方式进行。

本书每一章的开篇都会讲述古代某位重要的自然哲学

家对自然所做的相对“简单”的分析，以其为更复杂的问题奠定基础。本书中，向更复杂的现代物理学观点的过渡是渐进而系统的，通过徐徐展开一段科学史和一种科学哲学，把旧识与新见、遗闻与今事巧妙地编织到一起，并联结思想和时代中的所有伟大成就。古代哲学家的思想与现代科学的各个方面都产生了共鸣；那些自然谜题依然令人费解[1]；那些精巧的哲学理据可以用来重估现代物理学中全新的、根本的却也相互矛盾的原理，甚至可以用来推断尚无定论的物理学问题。《原子、苏格拉底和量子物理：追寻万物理论》采用了一种全新的视角，是对长期未经拷问的现代物理学的一种哲学洞见。

在大约2 600年前，古希腊人经历了一次伟大的智识觉醒，这对其文明的兴起助益良多。“突然间”，古老的流行神话世界观受到了质疑，被重新调整，并最终得以改变。自然不再被视为一种由随机的、不可预测的、不可理解的现象构成的混沌状态，这些现象都曾借神话、迷信和无常的拟人化神祇的偶然决定而被归因于神秘的超自然力量。相反，自然被视为一个宇宙：一个结构良好、有组织、有秩序、和谐、独立、自洽的美丽整体。其中的现象都是自然的组成部分，遵循内在的因果律，可以通过对自然的理性分析来被发现和被理解，无需援引超自然的因素。人类的思想发生了一场深刻的转变，这是这些哲学家认识到自然可以被理解的结果。这时，一个简单的问题出现了：自然的本质是什么？这些希腊思想家提供的丰富答案将自然界的一切现象都归因于纯粹自然主义，并开创了一种新的世界观：科学！自此以后，科学就引导着世界迈出无知的洞穴，走入真理之光，从而一直影响着世界。

Ω 哲学与物理学 ∞

希腊语中的“*episteme*”意为“知识”。按亚里士多德的话来说，如果我们知道某事的原因，我们就拥有了知识。[1]拉丁语中指代科学的词是“*episteme*”（亦即英语中的*Science*）。因此，严格来说，科学包括所有的知识领域（神学、哲学、物理学、历史学等）。物理学是一种特殊的科学：它是对“*physis*”（希腊语中的“自然”）的研究。然而时过境迁，尤其是到了现今，科学一词所聚焦的范围已越来越窄，就是指对自然的研究。正因如此，物理学和科学已基本上成为同义词，不过，这也是因为所有研究自然的科学子领域确实都可以还原为物理学的自然法则。例如，生物学研究由分子构成的细胞；化学研究由原子构成的分子；物理学研究原子。因此，一般来说，所有关于自然的科学根本上都是从物理学之上建立起来的（并且它们都是物理学的分支）。[2]我们将要探讨的古代自然哲学家们[3]不仅是哲学家，也是物理学家。哲学和物理学在当时是紧密相关的领域。

据传，可能是毕达哥拉斯发明了希腊语中的“**哲学**”一词，其意为“爱智慧”。因此，要定义**哲学**，我们就需要知道什么是智慧。回想过去，德尔斐神谕曾预言苏格拉底是最有智慧的人，但他谦虚地对此表示了怀疑。[4]他开始用辩证法（即他那著名的助产术式提问法）来证明这一神谕是错的（并通过与雅典同胞、政治家、诗人、工匠和农民进行有意义的讨论来寻求真理），结果却发现它是对的。他确实是最有智慧的，因为他不像其他人那样会把自己的技能与智慧混为一谈，或者说混淆“*empeiria*”（希腊语中的“经验”或“才能”）与“*episteme*”（**知识**）这两个概念。[5]至少他很清楚一点：他一无所知。[6]这种承认自己无知的态度让健康的怀疑论获得了迈向真理、成为智慧的希望。对于苏格拉底来说，这条通往智慧的道路始于“认识你自己”[7]，也就是认识到我们思维的局限性和研究方法的不确定性。

我想顺便说一句，一**无**所知是不可想象的。因为理解“无”是办不到的。“无”不可能存在！在本书“不变的宇宙”一章，我们将要谈一谈“无”，我会参考巴门尼德（Parmenides）的哲学（他是第一个沉思了“无”的哲学家），以检验爱因斯坦基于其相对论物理学而提出的一个最为奇怪的主张是否正确，这个主张就是宇宙中的变化是一种幻觉。

我并不确定什么是智慧，但我确信通往智慧的旅程要从一个问题开始，继之以勇气、决心以及诚实的努力，由此消除由来已久的错误信念和偏见，并寻求合理的（而非教条的）答案。尽管我们生来就是具有想象力的生物，对冒险和知识有着永不满足的好奇心与渴望，但随着年龄的增长，我们的肉体和精神（即身心）都会安定下来，追问变得越来越少。发问是青春的特质，也是哲学的特质。太阳时间和熵[8]时间都不会让求知的头脑变老。

举一个更具体的例子，哲学对于我来说是这样的：我读一本物理学的书（比如爱因斯坦、霍金或加来道雄[①]的著作），一般都能读懂。然后读一本哲学书（比如亚里士多德、

---

① 加来道雄（1947— ），加利福尼亚大学伯克利分校物理学博士、纽约市立大学研究生院理论物理学教授，科学畅销书作者，超弦理论专家。——译者注（如无特殊说明，本书脚注均为译者注）

罗素或卡尔·波普尔的著作），却经常读得半懂不懂。于是我重读了一遍，结果发现，我现在对那本物理学的书理解得更透彻了。所以，我很遗憾地要重申那句，“科学家是蹩脚的哲学家”[9]。

哲学（*Philosophia*）[10]设法逃离了迷信和无知的黑暗（逃离柏拉图的洞穴），勇敢地跃升到光明和知识的世界。它是“对真理的洞见”[11]，是“教人讲理”[12]的能力，是差异中的同一性，或是显而易见的变化中的不易察觉的不变性。它的一部分是阿波罗①（代表理性），一部分是狄俄尼索斯②（代表激情），但绝不会只是两者之一。它“是介于神学和科学之间的某种东西”[13]。简言之，哲学或许就是古希腊人所说的“好奇的天赋”[14]——借由好奇来想象、寻找、发现和学习一切的能力。

科学是对这种天赋的补充，它能系统地研究自然，并将所获得的知识组织成“永恒的、普遍的”、有因果关系且可验证的（这点最重要）规律，而这些规律都是从观察和理

① 阿波罗，古希腊神话中的光明之神。

② 狄俄尼索斯，古希腊神话中的酒神。

性思考中得出的。因此，一个好的科学理论会提出一些可以通过实验来验证和证伪的预测，它们也必须通过实验来检验。科学基于证据而非观点或教条的知识。科学的决定性特征是其独特的研究方式，即科学方法。它可以概括为5个步骤。

（1）观察自然。比如有物体坠落了。（2）提出一个问题，一个基于观察的问题。比如为什么物体会下落？（3）做出一个假设（一个有根据的猜测），借此提出一些**可检验的**预测（科学的基本规则），以回答上述问题。物体会下落是因为地球在拉动它们：物体若从静止状态下落，下落速度应为4.9米/秒。（4）进行设计恰当的可重复实验，收集数据，以验证或证伪这一假设中的预测。让各种物体从静止状态落下，并测量它们在1秒内下落的距离。（5）将假设中的预测与实验数据做对比，从而得出结论：（a）若预测无误（即事实与数据相符，物体确实会在1秒内下落4.9米），则该假设通过了验证，并转变为科学事实，这就是一条自然法则；（b）若预测有误（即事实与数据不符，物体在1秒内下落的距离不是4.9米），则该假设被证伪，因此，它将被修改后的或全新的假设所取代。

这是哲学家弗朗西斯·培根提出的一般科学方法。需要澄清一点，如爱因斯坦、波普尔、理查德·费曼和霍金所指出的，我们只能验证一个假设，但不能证明它——我们永远无法**绝对地**确定我们所发现的规律是否真的是永恒和普遍的。例如，虽然一个个实验不断地验证了爱因斯坦的相对论，爱因斯坦却说："再多的实验也不能证明我是对的；只一次实验就能证明我错了。"[15]也就是说，一种新型的实验可能会发现该理论的某个（此前尚未发现的）缺陷，这将促使科学家用新的眼光来修正或彻底改变该理论。

在寻求自然真理的过程中，没有哲学（智慧）的科学是实用而理性的，但也（可以说）是枯燥的，不含科学（的经验事实）的哲学是抽象而高明的，但也未经（实验）验证。[16]对于爱因斯坦来说，"没有认识论的科学——就其可想象的范围而言——是原始而混乱的"[17]。我相信，通往真理的道路是由科学和哲学铺就的，但其他知识领域肯定也参与其中。否则，人们的看法不过是纯粹的复制品，是真理的影子。

在柏拉图的洞穴寓言中，[18]一些被囚禁的女性从小就被困在一个洞穴里，多年来只能看到面前墙上的影子，并误以为这些影子就是唯一的现实，也就对投射了这些影子的物体一无所知。但有一个人最终设法逃离了洞穴，她的视力和洞察力也逐渐改善。最后，在洞穴外，在阳光下，她对现实有了更好的感知。现在的她看到了事物与影子的相似之处，她认识到了影子具有欺骗性，影子只是对真实物体（以及更宏大的总体真理）的一种简单的复制。她现在知道了，自然远不止它所呈现出来的样子，但自然背后那神圣的奥秘最终可以被好奇而主动的心灵解开。她急于与那些被囚禁的朋友们分享自己新获的见识，于是再次走下洞穴。但从光明陡然进入黑暗使得她短暂地失明了。她的朋友们为这种情况所误导，想着她上去的时候眼睛好好的，下来时却盲了。所以很可悲，她们认为这个洞穴才是唯一安全的地方。

各派哲人的亲密接触

这是最美的夏季。从傍晚开始，在这个无月之夜，这个伟大的故事我已经读了好几个小时。现在差不多已是拂晓。我很累，但还是不想把书放下。它异常新颖，且极其深刻。书页一页一页地翻过去。我真的很疲惫，但依然在抵抗睡意，因为这个故事太精彩了。

突然间，传来“扑通”一声。今日炎热，天空晴朗，一片湛蓝，太阳泛着略带金色的白光。我抬起头，看到老哲人泰勒斯（Thales）正在玩耍，他跳进了清新、凉爽、翻腾流动的河水里，寻找着什么。“不太明智。”原子论者德谟克利特（Democritus）微笑着说道，他好奇地凝视着虚空，全神贯注，自信满满。他的老师，沉静的留基伯（Leucippus）[①]

① 留基伯（前500—约前440），古希腊哲学家。他是率先提出原子论（万物由原子构成）的哲学家。

则一动不动地站在一旁。不消片刻，他们两人的学生，快乐的伊壁鸠鲁（Epicurus）跳出了自己的花园，出于自由意志转过身向他们走来。[①]才华横溢的亚里士多德正在一丝不苟地研究着他们，但他一点儿也不害怕。他的老师是柏拉图，理念论或理型论哲学家。柏拉图到底在哪儿？他通常无所不在，但别去问他的老师苏格拉底，因为他一无所知。

与此同时，泰勒斯无所顾虑，兴致勃勃，基本上对水的问题已了如指掌。他站起身，又故意跳回河里，带着新奇、稚气、狂热又顽皮的好奇心。在哲人们活动的中心，有一个人围着火炉转来转去，一边仔细地准备着他的饭菜，一边以和谐却又近乎诡秘的低声吟唱着，那是传奇的毕达哥拉斯。受到上一刻的启发，他不再歌唱，而是开始计算泰勒斯每一次落水所形成的水波纹之间的比例。毕达哥拉斯是一位杰出的数学家，能够正视所有数学上的无理数问题，他也是一位世界级的音乐家，在有序而排外的聚会中享受着大师般的关注。口干舌燥的对立论天才阿那克西曼

① 留基伯是决定论者，而伊壁鸠鲁是自由意志论者。

德（Anaximander）[1]喊道："宇宙正义啊，保护并留存这现象吧。"他感受着干燥空气的炎热，并期待着它很快就会被与之对立的湿气的凉爽所中和。

这真是美好又酷热的日子。富有想象力的阿那克西美尼（Anaximenes）跨过一块踏脚石，他找到了一个颇具创意的、实在的办法来缓解炎热，用它来降温。他嘴唇微闭着往自己身上吹气，他发现这样吹出的气比张嘴哈出的气更凉，这也使得他身上黏稠的汗水变得稀薄并被蒸发。神秘的赫拉克利特（Heraclitus）远离众人，他胆子很大，待在一个没人来过的地方，满是怀疑地观察着各种不断变化的事件的过程，体验着明显却不易被察觉的变化。他非常确定自己以前在这条河里洗过澡，但奇怪的是，这河的一切看起来都是新的，与以前大不相同。这一切变化的"逻各斯"（Logos，原因）是什么呢？事实上，认为所有由感官感知到的现实都具有欺骗性的人只有一个，他就是本体论

① 阿那克西曼德（约前610—前545），古希腊唯物主义哲学家，他认为万物的本原不是性质固定的东西，而是"阿派朗"（apeiron，无限定，即无固定限界、形式和性质的物质）。"阿派朗"在运动中分裂出冷和热、干和湿等对立面，从而产生了万物。

者巴门尼德，他对此感到骄傲，为之释然。因为他曾在黑夜与白昼中前行，穿过未知的远方，刻意避开众人已知的、充满成见的路，最终找到了自己的真理之路。

阿那克萨戈拉（Anaxagoras）凭**努斯**（*nous*，或心智）发现，**万物**中的一切都是一个谜："为什么这些原本处在不同时空的人都在这里？"他总是把双手搭在头上，使劲地琢磨。"确实是一个悖论，一个空间和时间的悖论。"好辩而多产的芝诺（Zeno）补充了一句，他试图通过辩证法（也即归谬法，*reductio ad absurdum*）证明运动是感官的一种错觉，因此没有东西会真正地移动，尽管万物看起来都是会运动的。"你确定时间和空间是这个谜题中仅有的元素吗？"忧郁的恩培多克勒（Empedocles）提出了疑问，同时以知识和他对冲突的热爱的名义紧紧抓住自己的滴漏壶（一种水钟），他冒险进行了一次凌**空**越**火**的实验性跨越[1]，但安全落了**地**，确切地说是落在了**水**里，就在我旁边。

"年轻人，你是谁？现代物理学家？"他问。我毕恭毕

---

① 传言他最后跳进了埃特纳火山口。土、水、空气和火是他提出的4种基本元素。

敬地点头，同时感觉所有人都在好奇地盯着我，似乎有所期待。白昼立刻出人意料地变成了神秘的黄昏。“我一直在预测你到来时会出现日食。”泰勒斯一边说，一边恋旧地抖掉了他那件湿漉漉的、满是污泥的破烂衣服上的根本实体——水。“我们一直很想听听你的故事。”他又说道。片刻之后，明媚的日光又愉快地重现了。现在是中午了。“这确实是个美好的日子，”我谦逊地说，“因为我正在读你们的故事。我也会把我的故事告诉你们的，但得有**你们的**阳光的照耀。日食转瞬即逝，但你们的知识之光永不过时。你们**依然**能给现代科学带来火种。”天色尚早，谁知道明天会怎样呢？

每个人的感官都很敏锐。所有人观察着变化中的景象，听着奇特的声音，闻着唤醒灵魂的芳香，品尝着甜美的空气，触摸着宇宙的各种元素。但他们用来思考这一切的智慧也毫不迟钝。多么美好的日子！多么美丽的自然！但她的本性是什么呢？[1]

Ω 追寻万物理论 ∞

导语

泰勒斯（约前624—前545）对自然的运行方式很感兴趣。他是第一个问出事物是由什么构成的，物质的性质又是什么的人。这至今仍是最根本、最棘手的科学问题。他的回答完全基于理性的论证，不含神话、迷信、仪式或诸神的莫测之举。因此，他的方法与现代科学的方法是一样的。

他推断，表面上看，自然虽具有多样性和复杂性，但所有的事物其实都由**同一种**东西（水）构成，而且所有事物都遵循同一套不变的基本原理（如水的变化，它会凝固、液化和蒸发）。因此，对于泰勒斯来说，自然以万物间的某种同一性或统一性为特征，无论万物多样化的程度如何，总体来看它们的内在都是简单的。[1]泰勒斯对同一性的探索正是现代物理学对万物统一理论的追寻。现代物理学试图统合自然界的4种基本力——电磁力、强核力、弱核力和引力——并意图发现某种衍生出万物的基本物质实体。这项任务的一个主要挑战是，寻找量子引力理论，这是一项极其困难的任务。

事物是由什么构成的？

我们仍然不知道事物是由什么构成的。但通过目前物理学的标准模型（本章稍后将会介绍）可知，构成事物的并不是水，而是名为“夸克”（质子和中子的构成要素）和“轻子”（包括电子在内的粒子）的微观粒子。物质种类之所以繁多，一部分原因就是微观粒子的变化（从一种粒子转化成另一种），而非水的变化。

因此，泰勒斯和现代物理学家都错了，但也都对了。他们错，是因为水、夸克和轻子都不是基本物质实体——究竟是什么，我们仍在寻找。他们也都对，这是因为有证据表明，自然界中的万物都遵循着一种不易察觉的根本法则，它们是由同一种实体转化而成的，不管外表看起来有多么不同。尤其是泰勒斯关于物质转换的观点，它不仅描述过现代能量概念（或物质概念，如爱因斯坦的狭义相对论所阐明的：物质是等价的，可以相互转换）的一个根本性质（即物质能够转化为各种形式，并引发变化），还提到了因果律（因果之间的关系）。对于他来说，万物之因不过是一种基本实体的变化。但他为什么说水是这种同一性和统一性的本原呢？

为什么是水？

有可能是几个观察结果引发了泰勒斯对“万物都是水的短暂形态”的猜测。有些古人的说法给了我们一些启示，比如亚里士多德[2]和安提乌斯（Aëtius）[3]。水是各种生命生存和发展的必需品。原始生命都生存在潮湿的环境中，动物的精子就是液态的。此外，因为水很容易转化成3种物质形态，即固态（冰）、液态和气态（水蒸气），并变化成各种形状，所以泰勒斯可能认为水也能转化成其他事物，比如岩石或金属。然而，虽然所有物质都能转化成这3种物质状态（例如，只要有足够的热量，一块固态的金属也可以熔化或蒸发），但水是人类日常经验中唯一能在眼前以及季节的变化中有规律地呈现出这一特点的物质，观察力敏锐的泰勒斯不可能不知道。而且，水比其他物质更容易转化：水蒸发时的温度约为100℃（在海平面高度标准大气压下），比铜、青铜或铁这类在古代经加热后制造成工具的材料蒸发时的温度要低，所以无需太多热量就能让水蒸发；此外，在寒冷的冬天，水是唯一能变成雪花和形状各异的固态冰的实体。因此，选择水而非其他事物作为基本实体似乎是合乎逻辑的。我推测泰勒斯可能也通过另一项日常观察强化了他对水的假说，那就是在受热或燃烧时，所有事物都会释放出水蒸气（至少看起来是这样）。还有一件事或许启发了他对水的假设：他观察到一块燃烧的木头所产生的烟雾会与空气和云混到一起，继而又能够与雨或雪混合，并融入土壤。乍一看，烟雾、空气和云很像（或似乎就是）水蒸气；雨和雪是水；土壤则含有雨水或暴风雪中的落雪。因此，土壤可以被视作变了形的水，植物（如树木）或许也可以这么说，因为植物是从土壤中的种子长成的，并“从水分中获得了营养并结出果实”[4]。动物可能也一样，因为它们会吃掉植物或者彼此。

由于水在所有这些过程里都是因果关系中的第一因，我们似乎可以合理地假设一切都是由水构成的——由这个第一元素重构——而且总的来说，自然界中的一切都有某种不易察觉的同一性。

探索同一性

同一性是现代物理学的核心概念，这不仅因为它强调了一个普遍的、根本的、简单的原理是自然万物的特征，还因为它指出了万物起源的共性。泰勒斯推断，统一性（指一切事物都可以从同一原理中派生出来）是自然的不易察觉的内在属性。[5]这一观念启发了所有自然哲学家（他们都各自得出了有关统一性的特殊理论，我们将在后文中一一看到）。相应地，这些自然哲学家也启发了那些在追寻自己的万物理论的现代科学家。

一段现代简史

麦克斯韦（James Clerk Maxwell，1831—1879）成功地将电场力和磁力统一，从数学上证明了它们实际上是同一种力——电磁力——的两种表现形式。电场力是由电荷（正电荷和负电荷）引起的：带相反电荷的物体会相互吸引，带相同电荷的物体会相互排斥。磁力是由运动的电荷引起的：永磁体有两极，即北极和南极，相反的磁极会相互吸引，相同的磁极会相互排斥。麦克斯韦还统一了电磁与光。电子的上下振荡会产生一种电磁波——**光**，就像一个上下浮动的软木塞会产生水波一样。

1925至1955年间，爱因斯坦（1879—1955）曾试着统一电磁力与引力，但没有成功。引力仍然是最令人费解的力，尽管它是第一个用数学——牛顿（1642—1726）的万有引力定律——描述的力，爱因斯坦的广义相对论也在这方面取得了重大进展。

后来，在物理学家谢尔登·格拉肖（Sheldon Lee Glashow，1932— ）、史蒂文·温伯格（Steven Weinberg，1933—2021）和阿卜杜勒·萨拉姆（Abdus Salam，1926—1996）的共同努力下，另一条物理学阵线取得了成功。20世纪60年代，这三位物理学家设法将电磁力与弱核力统合成了所谓“电弱力”。[6]弱核力会引起不稳定原子核发生放射性衰变，如铀的衰变，以及一种物质粒子到另一种物质粒子的转化——可见，泰勒斯的物质转化观念也是现代科学史上的重要历程。实验证实，电磁力和这种弱力的统一会在高能和高温的情况下发生——在此情况下，这两种力的强度相同，无法区分。因此它们被视为同一种力。然而，在能量或温度都较低的情况下（通常是日常状态下），这两种力是同一种力——电弱力——的两种表现形式。

物理学的标准模型是结合了电弱力和强核力知识的理论——强核力将夸克束缚在质子和中子之中，也将质子和中子束缚在原子核之中。这是迄今为止最好的模型，因为它成功地结合了多种理论来解释粒子的相互作用以及宇宙的运行方式。夸克和轻子是标准模型中通过实验证实的预测之一。事实上，对于泰勒斯的观点来说更重要的是，根据这一标准模型，夸克和轻子的质料——尤其是它们的质量来源——是**同一种**粒子，即著名的希格斯玻色子（Higgs boson）。2012年，人们在大型强子对撞机中发现了它，这台对撞机是全球最强大的原子加速器。尽管取得了成功，但标准模型也面临着一些重大挑战：它没有纳入引力，也不能解释暗物质、暗能量，以及为何可观测宇宙中的物质比反物质多——我们将在后文中讨论这些问题。

通过“大统一理论”（grand unified theory，GUT），物理学家们希望开创一个可用实验验证的理论，以扩展标准模型。在这种理论中，电弱力和强核力是统一的。确实存在几个不错的候选的大统一理论，它们做出了具体的可验证的预测（比如一种尚未观察到的质子衰变），不过到目前为止都未得到实验验证。据推测，这两种力只有在宇宙大爆炸后10^{-35}秒的那个超热瞬间才无法区分。根据大爆炸宇宙学模型，在大约138亿年前，整个宇宙小得令人难以想象，可能只是一个点，而且无限致密、致热。然后，宇宙在一场被称为“大爆炸”的极不寻常的事件中产生了，自此以后，它就一直在膨胀、冷却、变得稀薄，并创造着我们所寓居的多变的宇宙。大爆炸的想法最初是由比利时牧师乔治·勒梅特（Georges Lemaître，1894—1966）提出的，他学习过物理学，并利用爱因斯坦的相对论做出了这一预言。

最后，一个由雄心勃勃的物理学家们所构成的群体正在探寻终极的同一性原理，即通过一种万物理论来实现上述4种基本自然力的绝对统一。万物理论希望能证明自然界中的一切都可以用一个最重要的永恒原理及其相关方程来解释，就像泰勒斯最初设想的，万物其实都是一种基本实体和一种力产生的结果。但，为什么要有4种力呢？对于我们的科学和宗教（比如一神教）来说，统一似乎正在演变成一种更简单也更讨喜的哲学。

追寻万物理论的挑战

人们希望通过一种万物理论将整个自然界的本质简化为一种根本的力和一种根本的实体及其变化，一种泰勒斯哲学宏大世界观的极简和同一。追寻万物理论的最大挑战就在于，我们至今还无法解释量子视角下的引力，俗称“量子引力”。也就是说，我们要结合量子理论（也称“量子力学”或“量子物理学”，其中包含标准模型）与爱因斯坦广义相对论的定律，或者找到全新的法则。既然自然界是统一而美好的，那么解释她的理论也应是统一而美好的。可我们用来解释她的两种理论却是相互排斥的，这在科学界是个让人非常头疼的状况。主导量子力学的是概率，而主导相对论的则是决定论。自然界在第一种理论中是颗粒状的，在第二种理论中却是平滑的：在量子（和牛顿的）物理学中，空间是一个可容纳物体的“沉默”且不变的容器；

但在相对论中，空间是一种动态的可塑结构，它会“告诉物质要如何运动”[7]。在前一种理论中，宇宙时钟会为任何地方的任何人显示完全相同的时间，物体的大小是固定的，时间旅行是不可能的；但在后一种理论中，时间是相对的（它会根据你的运动方式或所处的位置而变慢或加快），运动的物体会收缩，你可以旅行到未来。量子理论成功地描述了原子、电子、质子、中子、夸克等微小世界；相对论则解释了空间、时间、物质和能量是如何密不可分地交织在一起的，以及引力的作用方式，从而成功地描述了行星、恒星、星系以及一般而言的大尺度宇宙所构成的宏大世界。（这两种理论的各方面将在后面的章节中讨论。）量子理论和广义相对论是对牛顿物理学和麦克斯韦物理学的重大改进。尽管如此，作为前两者的特例，后两者仍具有很强的实用性。

弦理论

一种有可能成功的万物理论就是弦理论。它具有高度可推测性，目前还没有任何实验能够支持它的主张。该理论力图用11个维度的振动能量弦来描述自然。弦理论与泰勒斯思想的精髓是一致的，它认为万物都是由同一种东西构成的：在其理论中，宇宙的基本实体就是完全相同的弦。这些弦就像小提琴的琴弦一样有不同的振动模式，人们推测，不同类型的粒子——包括夸克和轻子——就是其体现。[8]我们能够认识空间的三维（可以把它们想象成立方体的三条边在一个顶点相遇）和时间的一维，所以，就我们可以轻松体验到的维度来说，我们活在一个四维的宇宙之中。在假设中，弦理论所预言的其他空间维度是一些蜷缩成小球状的几何形状，它们小得难以想象，尺寸为10^{-35}米，称为“普朗克长度”（Planck length），与振动的弦本身一样大，因此很难被检测到。

圈量子引力理论

和弦理论一样，圈量子引力理论也是一种量子引力理论——它试图结合量子物理学的法则与相对论的法则。尽管圈量子引力理论并非万物理论（因为它不像弦理论那样想统合4种力），但它的发现可能依然有助于我们找到一种万物理论。不过，就像弦理论一样，圈量子引力理论大体基于猜测，没有实验支持。圈量子引力理论试图彻底地重新想象空间，由此来描述自然。[9]空间不是由点构成的——它**不能**被无限地划分为更小的区域。构成空间的是**量**（*magnitude*）。它是不可分割、相互关联、有限的空间区域——空间“原子”——形状像圈或环，尺寸大致相当于普朗克长度。“*atom*”（原子）这个词在希腊语中意指“不可分的”，表示某物有一个最小的“份”，这一份无法再被分割。原子的这一概念对所有科学的意义都至关重要。物质原子首先由留基伯和他的学生德谟克利特提出（详见“物质原子与能量原子”一章）；空间和时间原子则是伊壁鸠鲁的创见（详见“空间原子与时间原子”一章），他是以留基伯和德谟克利特为代表的原子论学派的门生。当然，物质原子已经被实验验证，但空间和时间原子还没有。

黑洞：探索同一性的挑战

黑洞是一种质量超大的、致密的点状物，拥有巨大的引力。围绕着它的不可见的球形边界名为“事件视界”（event horizon），其内部的任何东西都无法逃脱，光也不例外。因此，被事件视界包裹的空间区域都是黑色的。由于光不能逃逸，我们就看不到黑洞内可能正在发生的事件。因此，如果那里存在某种文明，它的居民可以（在我们这边的光进入该黑洞时）看到我们，但我们看不到他们。每个星系的中心都有黑洞，不过当爱因斯坦的广义相对论首次预言黑洞时，他本人却并不认为黑洞存在，只将其视为纯粹的数学假象。有史以来第一张黑洞的图像于2019年春季发布。

黑洞是一种**质量巨大**的**微小**物体，因此，量子力学和相对论对其都适用。但在这两种理论的解释里，黑洞的性质并不相同。

举例来说，根据相对论的说法，一本落入黑洞的书会穿过平静的事件视界，仿佛不会经历什么特别的事件。但最后，这本书将被巨大的引力撕成碎片，并在黑洞那无限致密的中心处被碾碎。它曾经是一本清晰可辨的书，现在却是一种与其中既有的其他物质毫无区别的物质。再后来，所有关于它的信息都将永远消失。

但根据量子理论的说法，这本落入黑洞的书会穿过一个能量极高的事件视界，这个“火墙”会在书穿过时就将其烧毁。而且，有一些能量会从黑洞外侧的区域辐射[10]到我们这里，令人惊讶的是，这些能量中包含着关于这本书的一些微妙信息——它在黑洞内的命运及书中的所有内容。信息也因此被保存下来了。

这两种结论显然是相互冲突的。因为若信息丢失，量子理论就从根本上错了；但若信息得以保存，广义相对论就存在根本的缺陷。这一矛盾名为“黑洞信息悖论”，它至今仍是一个悬而未决的问题。广义相对论和量子理论对黑洞的解释并不一致，但万物理论应该可以解决这一矛盾。

圣贤

泰勒斯被视为古希腊时期的“七大圣贤”之一，也是其中最有智慧的。他因此获得了一尊金杯，但恭敬地拒绝了，转而把金杯递给了另一位圣贤，这一位又把金杯递给了另一位，直到这金杯再度回到泰勒斯手中。然后，他就在德尔斐把它供奉给了神明阿波罗。泰勒斯是一个谦逊的人，“认识你自己”这句名言就被公认为出自他口（而不是其他几位古希腊人）。他是哲学家、科学家、天文学家、数学家、政治家，甚至神学家，他最出名的是对物活论

（hylozoism）的信念，即“万物中充满了神”[11]。

但他也是一个务实的人。例如，为帮助吕底亚国王克洛伊索斯（Croesus）的大军渡过哈里斯河，身为工程师的泰勒斯挖了一条月牙形的深堑，改变了河道。这确实是一项艰难的壮举。起初，河水从这支军队的一侧流过，但改道后，变成从他们的另一侧流过。他还夜观天象，发现了小北斗七星（小熊座）和北极星，并利用它们来教人们导航的技巧。他也撰写了各种有关历法的文章，比如论春分和秋分，论夏至和冬至，论月相，论日食，以及论某些恒星的升落，比如七姐妹星团（Pleiades）①。

据说在埃及时，泰勒斯注意到自己的影子在白天的某一时刻和身高一样长，并由此算出了一座金字塔的高度。然后他得出结论，根据相似三角形②定律，金字塔的影子在白天的这一时刻的长度就等于金字塔的实际高度。而且，他在陆地上能利用几何学算出他与海上船只的距离。此外，他还正确估算了太阳和月球的角大小等

① 中国古代天文学中称“昴宿”，二十八星宿之一。为距离地球最近，也最明亮的疏散星团之一。因构成星团的几个亮星在昴宿，也称“昴星团”。

② 对应角相等且对应边成比例的两个三角形叫作相似三角形。

于它们在空中视轨道（apparent orbit）角大小的1/720。[12] 物体的角大小是指你的眼睛与物体上的两个在直径上对置（相距最远）的点所形成的角度。比方说，这个·代表眼睛，字母I代表物体，它们彼此间的位置是这样的：· I。I的角大小可用这一几何图形来描绘：·< I。今天，我们知道太阳和月球的角大小都是0.5°（这确实是事实，因为太阳离我们比离月球远得多）。顺便一提，如果这两个角大小碰巧不相等，那它们的视大小（apparent size）①也不会相等，如此一来，日全食就不可能出现了，因为在日全食期间，我们看到的太阳会被介于中间的新月完全遮挡，就像泰勒斯在公元前585年5月28日预测的那次日全食一样，这一天象终止了当日吕底亚人（Lydians）和米底人（Medes）之间的战斗以及双方长达6年的战争。[13] 现在，将太阳和月球的0.5°角大小除以360°（它们绕地球的视轨道②角大小），正好等于泰勒斯的估算结果，即0.5/360=1/720！

---

① 视大小，即物体在观察者视觉感知中呈现出的相对尺寸或比例。

② 太阳的视轨道称为“黄道”，月球的视轨道称为“白道”。

泰勒斯还以会预报天气闻名。事实证明，这项技能很有价值。他的同胞对哲学都存有负面的看法，而这一技能给那些人上了一堂重要的生活课。尽管泰勒斯有着渊博的学识（包括实用的和抽象的）与智慧，但据说他还是很穷。因为很穷，便有人批评爱智慧（哲学）是一种无用且不切实际的生活方式。那时候流行一种说法，“泰勒斯正在研究星星，抬头望天……然后掉进了井里。一个颇有幽默感的色雷斯女仆……取笑他那么急切地想知道天上有什么，却没有发现脚下是什么”[14]。但若是伟大的但丁（Dante Alighieri，1265—1321）目睹了这件事，我敢肯定他不会取笑泰勒斯，我还敢肯定他会对这个女孩说：

诸天在呼唤你，绕你旋转，
向你展现它们永恒的美，
而你的眼却仍在注视地面。[15]

务实的泰勒斯也做过类似的回应，但不是口头上的回应，而是实际的行动。“通过研究天象，他察觉到橄榄将大获丰收。尚在冬季时，他就带着手里的闲钱前往家乡米利都和邻近的希俄斯岛，为当地所有的橄榄榨油机都付了一小笔次年的租用定金，付得少是因为没人跟他竞标［对于其他人来说，这时就担心次年秋冬的收成还为时过早］。及至次年收获季，所有人都亟需榨油机，他就随心所欲地要价，赚了一大笔钱——从而证明了哲学家想要致富是很容易的，但他们志不在此。”[16]他们关心的是对自然的理性评判。

他理性分析过的一个现象就是尼罗河每年的洪水泛滥——地中海地区的夏季普遍干燥，所以洪水在刚出现时是出乎所有人意料的——这让阿那克萨戈拉、德谟克利特、希罗多德（Herodotus）和欧里庇得斯（Euripides）等希腊思想家都深感困惑。泰勒斯率先以自然主义的方式解释了这一现象。他认为，是季节性的北风导致尼罗河无法顺利流入地中海，并迫使河水溢出了河岸。古埃及人将这种洪水归因于他们哀伤的女神伊西斯在为丈夫奥西里斯的逝去而流泪①。今天，我们知道尼罗河的泛滥是埃塞俄比亚高原（埃及以南）的季节性降水（主要是雨水）所致，那里也是

① 伊西斯是古埃及神话中掌管生命、魔法、婚姻和生育的女神。她的丈夫奥西里斯生前是一个开明的法老，后被弟弟沙漠之神塞特用计杀死，从此成为冥界之主。

尼罗河的源头之一。附带一提，德谟克利特的解释和我们如今的解释很相似。[17]显然泰勒斯错了，但这并不重要，重要的是他曾试图给这一自然现象做出理性的解释。通常，泰勒斯和其他自然哲学家将日食视为自然现象，而巴比伦人将日食视为预兆，尽管后者对日食重复的周期保持着相当准确的记录。彗星通常也被人们视为凶兆，但自然哲学家并不这么看。例如，阿那克萨戈拉和德谟克利特就认为，彗星"是行星的会合，它们靠近时就会产生彼此触碰的错觉"[18]，这个解释虽不正确，但有其合理性，因为它解释了彗星为何看起来像空中条状的光，而不是行星和恒星那样点状的。今天，我们都知道这条长长的是彗尾。当一颗彗星在其椭圆形绕日轨道上接近太阳时，冷冻的表面就会开始蒸发，后形成彗尾。

对自然界的自然主义解释是所有自然哲学家都采用的方法，而且至今仍是现代科学家采用的方法。

结论

泰勒斯推断万物都是一种基本物质实体的短暂变形，

从而试图将所有自然现象都归因于一个包罗万象的、共同的、统一的原理——这也是当今物理学家们的主要目标——并尝试理解科学中一个非常重要的概念，即变化。几个世纪以来，人们一直对变化的概念（以及变化的程度）争论不休。一些人认为变化是显而易见存在着的，另一些人则断然斥之为错觉，至今尚未达成共识。古今的每一位科学家都希望在所有表面的变化背后找出一个永恒的原理。这个原理可能是什么呢？各个时代的各种科学理论都给出了不同的答案。

泰勒斯很务实，他不加质疑地接受了变化。他的学生阿那克西曼德虽同样务实，但也是一位抽象派思想家。在他看来，基本物质实体是难以察觉的，他承认变化是存在的，但他还是提出自然界的变化应遵循法则，并适度发生，因为只有这样，宇宙正义才能得以维护。当然，他也推断，在所有容易察觉的变化里，必定有一种不易察觉的事物持续存在着。他称之为“**阿派朗**”。

Ω 宇宙正义 ∞

导语

阿那克西曼德（约前610—约前540）并不认为水是宇宙的基本实体，因为它不是中性的——它有一个对立面：火。对立会造成破坏；互为对立面的二者无法相互造就。阿那克西曼德教导人们，万物都是由阿派朗[1]产生的：它是一种永恒的、**中性**的实体，包围着宇宙，并不断转变为相互冲突的瞬时对立面。但这种转变是适度的，用以维护宇宙正义，也就是说，没有哪个对立面能占绝对优势。在物理学中，确实有无处不在的能量正在不断转化为相互冲突的瞬时对立面——物质和反物质——而且是适度的。然而，奇怪的是，物质（“水”）比反物质（“火”）要丰富得多。这是为什么呢？没有人知道。宇宙正义何在？而且，希格斯玻色子与阿派朗惊人地相似，这是巧合吗？

阿派朗

虽然阿派朗本身是无形的，但它可以转化为人们日常生活所见的一切有形的事物。因此，它是万物的真正起始，包括有生命的和无生命的事物。它也是中性的，没有与之冲突的对立面。但它可以转化为可以相互冲突的对立面——水与火，热与冷，湿与干，亮与暗，甜与酸，等等。对立的一面对另一面的不公正支配都是短暂的，因为不公最终会在毁灭中得到纠正。被中和后，对立的两面又会再次转变成中性的阿派朗。对立的一面的作用最终会抵消另一面的作用，所以它们无穷无尽地创生与毁灭并不会在阿派朗中增减任何事物。因此，即使会出现变形，阿派朗也仍持续存在。在现代物理学中，能量也会转化为相互冲突的对立方——物质和反物质——从而实现守恒。而且就像阿派朗一样，能量也是无限的，且无处不在。

能量与阿派朗

在物理学中，能量的概念也包含质量。因为从爱因斯坦由狭义相对论得出的著名方程$E=mc^2$可知，能量（E）和质量（m）是等价的，二者可以相互转化——它们通过光速（c）相联。和阿派朗一样，能量是无限的、永恒的、坚不可摧的，甚至在“空的”空间里也无处不在。更重要的是，能量会不断转变形式（比如从光转变为热），以及从纯能量（如光子）转变为物质（如电子）和反物质（如反电子，也称正电子[1]），从而导致变化发生。但即便有这样的转变，宇宙的总能量值也始终不变。这就是众所周知的能量守恒定律，我们无法为宇宙增减任何能量。各种守恒定律（物理学中有好几个守恒定律）确保了自然界的变化是适度发生的，这一点和阿那克西曼德的理论一致。在现代物理学中，适度意味着在自然界的所有变化中，某些事物或性质在数值上始终恒等（如能量）。这种恒等（适度）基本符合阿那克西曼德的观点。如我们将要看到的，他为了拯救自然和维

① 电子带负电荷，反电子带正电荷。

护宇宙正义，断定两个对立面中的任何一个都不可能从始至终完全占绝对优势。为了深入领会这种适度的概念以及能量和阿派朗之间的相似点，我们首先需要了解一下物质和反物质。因为在现代物理学中，它们就是两个相互冲突的对立面。它们创生于能量，并会再次转化为能量。

每个物质粒子都有一个相应的反物质的反粒子。一个粒子（如带负电荷的电子）和它的反粒子（正电子，实际上就是带正电荷的电子）具有相同的质量和相反的（等量）电荷。之所以被视为相互冲突的对立面，是因为它们一旦相遇，就会完全转化为纯能量，从而湮灭彼此——就像阿那克西曼德所说的，水和火会经相互中和而转化为阿派朗。此外，作为对立面，它们不仅会通过自身所遵循的自然力的相互作用而冲突，由于其作用会相互抵消，它们的冲突也将遵循守恒定律以保持适度。

举个例子。一个电子和与之冲突的正电子可以从能量中产生并相互作用——它们最初会分开，但经过短暂的存在后又重新结合，并最终将它们的质量**完全**转化回其本原——能量，从而相互湮灭（中和、抵消）。就像阿那克西曼德的对立面一样，它们从阿派朗中创生，又经湮灭而回归阿派朗。阿派朗在此过程中保持着常量，能量也是如此，因为根据能量守恒定律，在电子-正电子对产生之前、存在期间和湮灭之后，宇宙的能量值都是相同的。能量永远不变，改变的只是其自身的表现形式。

其他守恒定律也无一不被遵循，比如电荷守恒定律。这是指，产生电子对的能量的电荷为零——纯能量总是零电荷；当电子对存在时，纯能量的电荷始终为零——因为电子的电荷为-1（用某种单位表示），正电子的电荷为+1；当电子对湮灭时，电荷仍旧为零，因为它再次变成了纯能量。

让我们进一步研究电荷的守恒问题。由于净电荷始终守恒，所以这两种电荷都不会占据绝对优势，这和阿那克西曼德所提出的一样。尽管如此，一种电荷相对于另一种还是具有相对优势的。电子附近暂时以负电荷为主，而正电子附近暂时以正电荷为主。正是这种暂时的优势创生了相互作用的电磁力和相反电荷间的冲突。它是对立面形成和衰退的原因，也是其吸引力、排斥力、运动以及转化为能量并由能量转化而成的原因，总的来说，这种暂时的优势就是自然现象的一个促因。

如果自然要保持多样、多变和美好，那么对于阿那克西曼德和现代物理学来说，相互冲突的对立面是必需的，对于赫拉克利特来说也是如此，要既有电子，又有正电子。它们和经历了类似过程而产生的其他粒子和反粒子都会转化为光和热。这些粒子会形成原子、分子和复合物体，如海洋、树木、微风、大地、天空和生命形式。既有夏天，又有冬日；现在很暖和，但以后会很冷；现在是晚上，但此前是白天……世界的统一是通过对立面之间的冲突而得以和谐维系的。暂时的优势和由此带来的对立面的冲突产生了丰富而多样的现象，然而，全宇宙的（普遍的）绝对优势则是不允许的，也**不应**被允许，因为守恒定律必须被遵守。不仅阿那克西曼德的世界观将这一自然的本性视为宇宙正义，而且因为守恒定律的遵循，现代物理学也应如此。但奇怪的是，自然界似乎并不是普遍正义的，因为当今最令人头疼的科学问题之一就是：为何可观测宇宙中的物质比反物质多呢？我们先要把对立面和中性的概念说得更明白一些，然后到后面的小节再思考这个问题。

非凡之物

阿那克西曼德推断，宇宙的基本实体不可能是任何一种普通的事物，比如水或火。因为它们会彼此相争，毁灭对方，却并不会创生出彼此。如果水是阿派朗——或者说宇宙万物最初都是水，那就不可能产生出它的对立面——火，因为水会灭火，而不能生火。这就可怕了，因为按照这一设想，宇宙中将缺失如此多姿多彩的、美好的多样性。故而存在着对立面的东西不可能是宇宙的基本实体，因为实际上，它对宇宙正义、自然的统一、秩序和多样性乃至自然本身的存在都构成了严重的威胁——因为这种具有对立面的实体会抵消其自身，因而也会抵消自然本身！

阿那克西曼德要求基本实体——阿派朗是中立的，不存在与之冲突的对立面，由此拯救了自然万象——保持自然的正义、永恒、多样和多变，且不可能让任何一个对立面占据绝对优势。阿派朗必须对自身和它所创生的各个对立面保持中立。有了这样一个前提，任何对立面都不再会对自然造成威胁，因为它们的作用会相互抵消，对于阿派朗来说也一样，因为没有对立面会抵消它了。因此，与各种对立面不同，阿派朗是永久的、不可摧毁的。自然本身也是如此，因为自然的本质就是阿派朗。阿派朗的中性拯救了这些现象，而各种对立面的冲突也美化了它们。中立和对立在阿那克西曼德和现代物理学的世界观中都是核心思想。

现代物理学家对阿那克西曼德这一推理的解释是，目前公认的基本物质粒子——夸克和轻子——不可能是真的基本粒子。因为它们都有对立面——它们的反物质版本——反物质的反粒子（即反夸克和反轻子）。作为对立面，一个粒子与其反粒子会相互湮灭，而不是彼此创生。此外，夸克和轻子各有6种，而且与之有关的最迫切的问题是，为什么会有这么多物质的构成要素？为什么它们的一般特性各不相同（不同的电荷、质量、自旋等）？为什么不是只有一种基本实体，一种类似阿派朗的粒子？

对于这些问题，诺贝尔奖获得者沃纳·海森堡（Werner Heisenberg，1901—1976）曾说："所有不同的基本粒子［不是由其他物质组成的粒子，因而没有亚结构，如夸克和轻子］可被还原为某种普遍实体，我们或可称之为"能量"或"物质"，但这些不同的粒子中没有哪一个会比其他粒子更基本。后一种观点当然符合阿那克西曼德的学说，我相信这种观点在现代物理学中是正确的。”[2]

我们已经知道能量为何可以被视为阿派朗，但现代物理学中的哪一种物质粒子具有与阿派朗相似的性质，包括中性这一关键性质呢？

希格斯粒子

寻找一种“万能”的**中性**实体来打消阿那克西曼德的忧虑，并拯救自然万象，这种追求从未像今日这般热切。有一种粒子最符合这种实体所需的性质，那就是希格斯玻色子。20世纪60年代，包括诺贝尔奖获得者彼得·希格斯（Peter Higgs，1929—2024）在内的多位物理学家从数学上预测了该粒子的存在，它的正式名称就源自希格斯。事实上，人们需要它存在，以拯救物理学标准模型所描述的现象：希格斯粒子拉扯着所有物质粒子（如夸克和轻子），从而赋予它们质量，迫使它们减速、聚集并形成宇宙中所有的复合物体，从原子核、原子、分子、植物、动物、行星、恒星到星系，以及整个宇宙中的一切复杂事物都概莫能外。

（希格斯粒子的质量赋予机制与“物质原子与能量原子”一章的关联性更强。）有了希格斯粒子，我们就能解释质量，以及宇宙的多样、美丽和得以被拯救的原因。若没有希格斯粒子，所有粒子都将是无质量的，它们会以光速飞行，无法聚合成原子或包括我们在内的一般复合物体。在这种情况下，宇宙将处于一种乏味而单一的状态，这当然与我们所寓居的实际上多样化的宇宙相悖。所以，确实是希格斯拯救了这些现象！

和阿派朗一样，希格斯粒子是无形的、中性的（这种中性的特质在几个有趣的方面都有所体现，我们将在下一节探讨），希格斯场弥漫于所有宇宙空间。[术语“场”是指某物无处不在，而“粒子”则意味着某物只存在于某处。在量子理论中，粒子是场涨落（fluctuation）的表现形式。打个比方：如果海洋是一个场，那么海洋中的浪花——一种涨落、激发（excitation）过程——就是可以被探测的粒子。由于希格斯场无处不在，诺贝尔奖获得者利昂·莱德曼（Leon Lederman，1922—2018）将它与阿那克西曼德的阿派朗联系了起来。[3]］希格斯场本身虽是中性的，但它也会呈现为相互冲突的对立面，即物质的粒子和反物质的反粒子，以及物质和反物质所服从的一些力。事实上，人们并不指望能直接观察到它（也不指望能直接观察到与之类似的阿派朗），而是通过研究希格斯粒子衰变形成的各种其他粒子的表现，间接地证实了它的存在。因此，在某种意义上，在自然界中观察到的各种对立面就是同一事物的不同面向，这个事物就是希格斯粒子，或者与之类似的阿派朗。阿那克西曼德提出了阿派朗来解释他的对立面，而希格斯提出了希格斯场来解释他的对立面（粒子和反粒子），以说明它们为何会有质量。

中性

为了拯救自然现象，中性必须是基本实体的一个本质特征。希格斯粒子在很多方面都是中性的：（1）它是电中性的。因此，它就是自己的反粒子——它既是物质，也是反物质。在这一方面，它没有可毁灭自身的冲突对立面。（2）它也是色中性的。这里的“色”［或更准确地说是色荷（color charge）］是夸克和强核力的一种性质（就像电荷是电磁力的一种性质一样），而非日常意义上的颜色。（3）它的自旋为零。因此，它在方向上是中性的。这是个不同寻常的概念，我们需要进一步阐明。

自旋（spin，类似电荷）是基本粒子的内禀量子属性。简单来说，我们可以想象一个粒子的自旋就如同一个陀螺在绕着自身的轴旋转。但不同的是，自旋的陀螺可以朝任一方向旋转，速度也可快可慢，而基本粒子只能以一个固定量值朝特定的方向自旋。粒子自旋的方向与它在空间中运动的方向有关。例如，人们观察到，中微子（一种电中性的点状粒子，和电子一样属于轻子家族）总是“左撇子”。这意味着中微子会像左旋螺丝一样在空间中移动：它会逆时针自旋着前进（向前移动）。另一方面，反中微子则一直是“右撇子”。它会像右旋螺丝一样移动：它会顺时针自旋着前进（向前移动）。与中微子不同，电子可以“左右开弓”——或者说在空间中朝任意一个方向自旋着移动。有一点很重要：所有粒子都是有方向性的——它们在空间中的运动方向受制于其自旋的方式。

但基本实体本身绝不会有这种限制；它必须是无方向的，方向中性的，或者说各向同性的（isotropic，即没有偏好的运动方向）——借阿那克西曼德的话来说，这是因为左撇子实体就像火，而右撇子实体就像水。如果一种基本实体本身的运动会受到限制，它就无法产生我们在观测中发现的方向各异的现有粒子，而这些粒子一般来说都是各向同性的。换句话说，如果阿那克西曼德的宇宙正义是成立的，那么宇宙中的粒子运动就不应存在偏好的（特殊的）方向。其实，在**宏观尺度**上，宇宙在所有方向上的景象都是相似的。因此，宇宙本身是各向同性的（它没有特殊的方向）。这方面的一个证据就是对所谓宇宙微波背景辐射——亦即从宇宙各个方向射向我们的光——的观察结果。它表明，发出这些光的物质具有几乎完全相同的温度，大约比绝对零度高3℃。[4]既然宇宙是由星系和恒星构成的，它们本质上又是由粒子构成的，那么宇宙的各向同性无疑是由其构成粒子的各向同性所导致的。如果我们自信有一天可以构想出描述一种基本实体的万物理论，那么这一实体必须具有各向同性的性质。因为唯有如此，它才能产生我们今天所观察到的普遍的各向同性。此外，想要各向同性、方向中性，这种基本实体的自旋就必须为零。因为没有自旋，实体的运动方向就无法受到限制。希格斯玻色子既是电中性的，也是色中性的，作为标准模型中唯一的零自旋粒子，它也是方向中性的！阿那克西曼德的中性观应该是宇宙基本实体的一个关键属性，因而也是宇宙本身的一个重要属性。尽管如此，宇宙似乎却并不遵循这种中立的基本概念。因为尽管宇宙是各向同性的，在方向上体现了宇宙正义（中立），但在物质上依然是不正义的。物质似乎主宰着反物质。宇宙正义出了什么问题？

为什么物质比反物质多？

在现代宇宙学中，有一个悬而未决的问题：为什么在可观测宇宙中，物质比反物质多？用阿那克西曼德的话来说，这个问题或可以表述为：为什么在可观测宇宙中，水比火多？如果普遍实体确实是一种中性实体，它会转化为等量的对立面，对立面又会因为它们所遵循的守恒定律相互抵消，使得普遍实体保持中性，那么上述观察就说不通了。任一对立面占绝对优势的情况是不应被允许的。然而，物质似乎就是在宇宙中占据了绝对优势。若果真如此，而且我们的观察是正确的，那么阿那克西曼德的宇宙正义何在？我们现今所知的物理定律真的错了吗？答案还没有被揭晓，但我会谨慎地推测它。

想想电子-正电子对的创生过程吧。电子-正电子对遵从宇宙正义。在它存在之时，电子所在的区域由物质占优，而正电子所在的区域由反物质占优。但这种优势是相对且短暂的。没有哪个法则是禁止物质和反物质在宇宙的不同区域处于平等或相对的优势地位的。事实上，如果一种中性的普遍实体确实产生了等量的物质和反物质，这也在意料之中。要禁止的是**绝对**优势，因为这代表宇宙中的物质或反物质绝对地多于另一方。在相对优势的前提下，我们就能推断出可观测宇宙中的物质为什么比反物质更多，或其实只是**看起来**更多。

首先，宇宙非常宏大，横跨约930亿光年，人类并没有观测到宇宙的每一个角落。所以，宇宙尚不可见的部分也许就是由反物质构成的，它们可以平衡我们能见到的物质。因此，宇宙正义是存在的。

其次，如果我们的宇宙不是宇宙，而仅仅是宇宙中的一个区域，那又会如何？事实上，我们不应轻率地摈弃这种观点，因为直到20世纪初，我们还以为整个宇宙就是我们现在所说的银河系——如今，我们认为宇宙中约有1 700亿个星系。如果这一假设成立，那我们观察到的物质和反物质间的不对称之谜可能就解开了。在我们这部分宇宙中，物质可能会暂时占优，但反物质也可能在宇宙的另一部分暂时占优，如此看来，任何一方都不能自称在宇宙中占据绝对优势。因为当这两部分彼此碰撞或相互作用时，这种暂时的优势就会被中和，并将各自的物质和反物质转化为纯粹的中性能量。然后，阿那克西曼德的宇宙正义就将恢复如常。

宇宙论

除了抽象的阿派朗假说，阿那克西曼德在另一个概念上还有一次飞跃：他认为，地球就悬在空间中，没有任何物质支撑。之所以如此，是因为地球与天上的万物等距——至少看起来是这样的——这导致地球向各个方向移动的偏好都是相同的（例如，向右和向左移动的偏好都一样），继而抵消了所有潜在的运动，使地球平衡，位于中心。[5]这与泰勒斯的观点形成了鲜明的对比，泰勒斯认为，地球漂浮在水面上，因此得到了水的支撑。但在这种情况下，支撑水的是什么？再下面的又是什么？哲学家卡尔·波普尔（1902—1994）说道:“在我看来，阿那克西曼德的这一观念是整个人类思想史上最大胆、最具革命性和最具预见性的观念之一。它为阿里斯塔克（Aristarchus）和哥白尼的理论奠定了基础。但阿那克西曼德迈出的这一步比阿里斯塔克和哥白尼迈出的步子更加艰难而大胆。他想象地球无拘无束地悬于中空，又说‘由于这种等距或平衡，地球是一动不动的’[这里引用的是亚里士多德对阿那克西曼德观点的转述]，它在某种程度上甚至预言了牛顿关于非物质的、不可见的引力的观点。”[6]萨摩斯人阿里斯塔克（前310—约前230）有时也被称为“古代的哥白尼”，他是第一个提出日心说的人。16世纪的哥白尼（1473—1543）复兴了这一学说（哥白尼或可被视为“近代的阿里斯塔克”）。

就像古典学者约翰·伯奈特（John Burnet，1863—1928）[7]所盛赞的那样，阿那克西曼德的“无数世界说”——每个世界都有各自的大地、天空、行星、恒星，尤其是其自身的（相对）中心和周日运动（diurnal motion）①——与宇

① 周日运动也称周日视运动，是指由地球自转引起的，以一天为周期的天体视运动。地球绕轴自转，使所有天体仿佛都在绕这个轴（在地球上的观察者眼中即北极星）做圆周运动。这一观感在近极区尤为明显。

宙中存在绝对中心或运动方向偏好的观念是不一致的。关于没有绝对运动方向的说法，伯奈特也指出阿那克西曼德的论点相当合理，即地球与**其**世界中的万物恰好等距，它没有理由向任何方向运动。实际上，它巧妙地运用了对称性（symmetry）。对称性的概念在现代物理学中具有核心意义，对称意味着某种恒定，一种始终如一的相似性。例如，一个圆，从其中心看，任何角度都是一样的；而在阿那克西曼德的假设中，地球之所以能保持平衡，也是因为它与其天空等距。物理学中的对称性并不仅仅用于描述外观，它也是自然界中那些守恒的抽象性质的基础，比如能量守恒、动量守恒和电荷守恒。举例来说，能量守恒就是“自然法则在时间平移上对称（不变）[①]”这一假设的结果：自然法则在今天的运行方式与过去的一样有效，预计明天也会继续如此。到目前为止这一假设都是正确的，所以我们都将能量守恒视作一条自然法则。伟大的数学家艾米·诺特（Emmy Noether，1882—1935）通过将它们与特定的对称性

---

① 时间平移（time translation）的对称性或不变性是指物理规律不会因时间起点的不同而改变。

联系起来，由此从数学上证明了自然界的各种守恒定律。

德谟克利特在将原子的运动描述成随机运动时，就借用了空间中没有特殊方向的说法（详见“物质原子与能量原子”一章）。尽管这是事实，但在今天，要放弃绝对方向的观念也绝非易事。我们会被一些视觉现象所欺骗（比如物体向下坠落，或“地球在我们脚下，天空在我们头顶”这些常识），所以我们常有“上”和“下”的概念，仿佛它们真的是绝对的“上”和“下”。我们没有意识到，对于生活在地球另一端的人来说，我们相对的“上”其实是他们相对的“下”，反之亦然。

生命和演化

泰勒斯、阿那克西曼德和（“通往真相的垫脚石”一章将看到的）阿那克西美尼（他们都生于小亚细亚的希腊城邦米利都，所以被统称为“米利都派哲学家”）都将自然解释为一种普遍实体的变化。自然无疑也包括我们人类和所有的生命形式。因此，从他们的一元论中所得出的直接的结论无非（a）不存在无生命的物质，万物都以某种方式活着；

每个哲学家提出的基本实体（水、阿派朗或阿那克西美尼所说的空气）都以某种方式活着，它们所转化成的一切也都是活的。又或者（b）人类和其他所有物种都在某种程度上起源于无生命的物质（水、阿派朗或空气）。

结论（a）是泰勒斯和阿那克西美尼所持的观点，被称为“物活论”。尽管极具争议，但它仍然是一个有趣的概念，因为科学和哲学虽已发展了2 600年，却依然无法明确区分有生命的物质和无生命的物质。例如，谢灵顿（Charles Scott Sherrington，1857—1952）[8]、薛定谔（Erwin Schrödinger，1887—1961）[9]、海森堡[10]和理查德·费曼（Richard Feynman，1918—1988）[11]，这四位诺贝尔奖得主对活着或死了都没有一个明确的定义。

结论（b）与现代生物演化论的前提有一定的相似性，即认为不同的物种都是从同一个（或两个，也可能更多）祖先演化而来的。照此推测，这些祖先又是从无生命的物质自发产生的。我所说的“自发”的前提是人们尚不清楚生命起源的确切机制是什么，尽管化学反应通常是生命起源假定的原因。与其他米利都派哲学家相比，阿那克西曼德构想出了一个更实在且非凡的理论，用以解释包括人类在内的物种的起源和演化。该理论与现代生物进化理论的4个特定方面重合:(1)生命是从无生命的物质中自发产生的;(2)复杂的生命不是自发产生的，而是从不复杂的生命演化而来的;(3)生命适应于其环境;(4)最适者生存。[12]

还有一点很重要，阿那克西曼德的理论基于精确分析过的**观察**。他注意到，人类婴儿在刚出生时和出生后数年里都是无助的，他认为人类起源时期，人类幼崽的生存形态不可能像如今这样，因为他们绝对无法存活。其他动物的新生儿很快就能养活自己，但人类婴儿若没有父母的长期照料是根本活不下来的。因此，他认为人类(以及所有动物)是从物种演化而来的，确切地说是从鱼演化而来的。鱼的新生儿比人类(或陆生动物)的幼崽更能自力更生。[13]

阿那克西曼德的一般学说称，最原始的生命形式是在某种潮湿的元素被太阳蒸发时自发产生的——值得注意的是，他的对立观也存在于此，即水的潮湿与太阳的干燥是对立的。原始的生物有一层保护性的刺膜，它们是最早的鱼类。阿那克西曼德推测，随着时间的流逝，这些生物又演化成了各种其他形态的鱼。然后，它们的一些后代放弃了水，迁移到旱地之上，适应了不同的环境，并演化成包括人类在内的新生命形式。[14]现代生物演化论与他的观点非常相似：据推测，原始的微生物最早自发地出现在水中，它们演化成鱼类，然后演化成海陆过渡期的两栖动物、哺乳动物、灵长类动物，然后是第一批原始人，最后是现代人。

新生儿的自力更生是生命发展的最初状态。新生儿的无助和父母长期的照料是后来发展出来的，而且二者很可能同时发生：当新生儿出现需求时，有能力的父母就会应对。就好比一种“坏”的特征会与一种“好”的特征同时演化出来。如果这个概念没错，它就与阿那克西曼德那种对立面会同时出现的学说产生了很好的共鸣：一个领域的低效（比如新生儿出生和随后几个月内无法行走），可能会与另一个领域的高效（比如高级的大脑）同时演化出来，这样两方就能中和，维持事物的普遍正义——举个例子，演化产生的具有同理心的人类大脑会允许父母长期照顾无助的子嗣。而且，一般来说，人类成长所需的时间会随着大脑的尺寸和复杂程度的增加而增加。

在我看来，长期育儿的无私行为不仅保证了人类物种的存续，也促进了所有人类之间的整体纽带。因为我们一旦开始照顾自己的婴儿，也就逐渐地会关心我们的直系亲属和整个大家族，从而增加了关心我们的村庄、城市、国家、全人类，乃至一般生命的可能性。

结论

阿那克西曼德的思想飞跃以他的3个理论为标志：地球静悬于空间中且无需物质支撑的宇宙论；解释包括人类在内的生物的起源与演化的生物论；当然还有他关于基本物质实体的理论。就最后一种理论而言，阿那克西曼德将无形的、中性的、守恒的阿派朗不断转变为日常经验中具体的、彼此冲突的、短暂的对立面，并以此来解释变化和多样性，这种转变会反复发生，且以适度的方式维系宇宙正义。无论如何，阿那克西曼德都提出了第一个可理解的变化理论——物质如何能在其不同的物相[①]（如气体、液体和固体）之间转换。

---

① 物相（phase）是指同一物质的不同表现形态。

Ω 通往真相的垫脚石 ∞

导语

在寻找基本物质实体的过程中，阿那克西美尼（活跃于公元前545年左右）锁定了有形世界，选择了空气。他研究自然的方法既省力又直接。他从一种性质不变的单一物质（空气）开始，设法用物质的凝结和稀释来定量地解释繁多的自然现象。因为在他看来，认识到了这两个相反的过程，就没有必要再为每个物体赋予各种不同的属性了——比如坚硬、柔软、热、冷、湿、干、流动性、重量、颜色——问题只在于密度有多大。这一想法本身道出了一定的自然真相。不过从科学演变的更宏大的视角来看，他的理论亦是一块垫脚石，我们可以借此接近一个最重要的自然真相——原子！

凝结和稀释

希腊语中的“空气”指的是任何气体，而阿那克西美尼眼中的空气很可能就是水蒸气。他的主要问题是，一种单一的物质，即处于气态的空气，如何在保持自身不变的情况下转化为其他所有形式的物质，并解释了为何存在那么多不同的物体？什么样的机制或过程可以作用于空气，既能保持其实体不变，又能将空气转化为所有不同的物体（包括固体、液体和气体）？他提出，转化是经由两个相反的过程发生的：物质的凝结和稀释。[1]气体的不断凝结将它们转化成了密度越来越大的物质，即液体和固体，而固体的不断稀释则将它们转化成了密度越来越小的稀薄的物质，并再次变回液体和气体。这个想法基本上是正确的。这两个过程确实会引起物质密度发生变化，但不会改变物质的本质（也就是其实体）。因此，每个物体其实都是或凝结或稀释的空气——也就是说，都是由这一质料构成的。

为什么是空气？

空气在各方面都比其他常见的实体简单。它流动性极强，几乎无处不在；它不可见，因此显然是无结构且对称的[①]；它还很稀薄，因此数量较少。在古今的科学理论中，对称性一直是非常理想的自然特征，无论它是可感知的还是不易察觉的。此外，以"少"（至少是定量和视觉意义上的少，如稀薄而不可见的空气）为出发点来解释"多"[2]（如因密度更大，数量更多，结构更精致，所以在某种程度上更为复杂的实体），这一直是科学和数学领域的首选方法。在数学中，假设（公理）越少，定理就越有力。顺带一提，宗教方面的情况正好相反：多神论比一神论更具优势。

阿那克西美尼认为，火是稀薄的空气，因此数量上少于空气。但作为一种基本实体，火似乎并不能满足他的需要。因为与空气不同，火是可见的，具有可变的形式，因此是有结构且不对称的。而且，生命需要呼吸空气，但火会摧毁生命。事实上，（从前荷马时代开始产生的）空气与

---

① 如前所述，这里的对称意味着某种恒定，一种始终如一的相似性。

灵魂有关的传统说法可能影响了阿那克西美尼的推断，因为他写道："正如我们的灵魂——灵魂即空气——将我们聚合为一体一样，呼吸和空气也包围着整个世界。"[3]但在赫拉克利特的哲学思想中，火对于解释自然现象的重要性将得到提升（详见"不断变化的宇宙"一章）。

阿那克西美尼是一个经验主义者，他通过仔细观察各种气象而抽象出了自己的理论。其中，空气发挥着重要的作用（至少他是这么认为的）。"当它［空气］膨胀得更稀有［稀薄］时就变成了火；风是凝结的空气。云是空气毡合［凝结所致］而形成的；云又进一步凝结成了水。水再凝结，就变成了土；土尽可能地凝结成了石头。"[4]在他的想象中，物体要么以某一种明确的物相（固体、液体或气体）呈现，要么以混合的物相呈现。冰雹是水在下落时结冰而产生的；水中若滞留了一些空气，就产生了雪。[5]

从稀释和凝结，到物质的原子论

有人认为，留基伯和德谟克利特关于古代原子论的发现（即虚空中存在原子），是这种稀释和凝结思想发展的必然结果。我们将在“原子关系千万重”一章中看到，现代原子科学就植根于这种古代原子论。[6]

柔软与虚空，坚硬与原子

阿那克西美尼认为，柔软随稀释而生，坚硬则随凝结而生，但原因是如何得出的呢？既然万物都由柔软且可穿透的空气构成，为什么有些物体（如固体）是坚硬且不可穿透的？为什么一块金属（按理说它是凝结的空气）不可压缩和穿透，而空气却可压缩，可穿透？为什么我们可以穿过空气（至少看起来是这样），却无法穿过一面固体的墙（它按理也是空气）？稀释和凝结到底是如何在发挥作用的，我们如何解释物体的柔软程度或坚硬程度的不同？以及，是什么让物质一直以凝结或稀释的状态聚合在一起的？

首先，让我们假设这4个概念——稀释、凝结，以及由此导致的物体的柔软和坚硬——都是理所当然的。然后问：如果我们想象稀释和凝结的过程会无止境地发生，那么**绝对**的最稀薄或最致密的物体会是什么样的？最稀薄的物体的密度为零，它**绝对**柔软、可压缩、可穿透，仿佛该物体中没有物质，它是非物质的，不存在，是虚幻的！如此一来，一个没有物质的物体实际上就是一种**虚空**，是没有物质的空的空间。因此，最稀薄的物体就可以被视为空间中无物质的间隙。而在极限的另一端，最致密的物体仍然是**同一种**实体，它将具有无限的密度，**绝对**坚硬、不可压缩、不可穿透，可以被视为填充空的空间的物质。这些被它们之间的虚空分离开来的不可穿透的物质碎片就是留基伯和德谟克利特所说的原子，这种在哲学上存在争议的虚空正是他们的发明，用来辅助解释原子的运动以及变化。

"除了原子和虚空，别无他物。"[7]德谟克利特说，这句话是说，只有"实"[8]而坚固的，和"空"[9]而稀薄的。要注意的是，阿那克西曼德的对立面也在此出现了，因为实而坚固就是空而稀薄的对立面。而且，"实"似乎与上述绝对最致密的物体相对应，而"空"似乎对应着绝对最稀薄的物体。我将在"物质原子与能量原子"一章去比较并详述古今的原子论。现在我们只需想象一下那些微小的、不可摧毁的（比如不可切割的）原子，它们绝对坚硬，以各种形状在虚空中随机运动，相互碰撞，或彼此勾连并聚集（凝结），或脱离并分散（稀释）。于是，根据原子在虚空中的运动，我们了解了凝结和稀释的过程实际上是如何进行的，也知道了为何物质能运动、聚集、结合或分解。由这些过程导致的坚硬或柔软的程度则取决于物体密度的大小，也就是一个物体内有多少原子挤在一起，以及它们之间有多少可以通过的虚空。虚空越少，物体越硬；虚空越多，物体越软。古代原子论有可能是通过这种分析而被发现的吗？

我不知道原子论者留基伯和德谟克利特是不是通过分析上述两种极限中的稀释和凝结过程而发现原子论的，但他们肯定有这个能力，尤其是大几何学家德谟克利特。因为这种思维是数学中的极限理论（theory of limits）的一部分，而它已经被德谟克利特发明并应用于其他情况之中了（比如用于计算圆锥体的体积）。事实上，大天文学家卡尔·萨根（Carl Edward Sagan，1934—1996）也赞扬过德谟克利特关于极限的认识："德谟克利特的作品几乎全被毁掉了，如果没有发生这种事，到基督时代就应该有微积分了。"[10]萨根所说的"作品"当然也包括德谟克利特关于极限的认识，因为发明微积分的先决条件就是极限理论。微积分最终是由牛顿和戈特弗里德·莱布尼茨（Gottfried Wilhelm Leibniz，1646—1716）于17世纪末独立研究和创立的。

对稀释和凝结的数学分析可能在另一个方面也有助于原子论的发现，下一章我们会对此探讨一番。

“连续的”vs.“原子的”

要理解稀释和凝结的过程，这一挑战对科学思想的演进非常重要，因为它让阿那克西美尼的后继者们不得不深入思考物质的本质。后继者们据此得出了两种对立的观点：连续的和原子的（即不连续的）。与连续相关的复杂性将数学天才德谟克利特引向了原子论。薛定谔认为，关于连续体（continuum）在数学上的挑战与连续分布的物质模型的挑战有关。[11]举个例子，我们无法说出数学层面上的一条直线上有多少个点。同理，对于一条物质线（或者一个一般的物体），我们也不可能知道它有多少个物质点，也不知道这些点在稀释和凝结的过程中的表现如何。或者说，在一个物体内，**连续**分布的不可变的物质实体（如阿那克西美尼的空气）是如何稀释或凝结的？“什么东西应该远离什么东西［这样一个物体才能稀释，或者什么东西应该接近什么东西，这样一个物体才能凝结］？……如果有一条**物质**线，你开始拉伸它——它的各个点之间难道不会彼此远离，并在彼此之间留下空隙吗？因为拉伸并不能**产生**新的点，相同的点也无法覆盖更大的空隙。”[12]

换句话说，被构想出来的在空间中连续分布的物质，真的会穿过其他物质从而引发凝结或稀释吗？新的物质能进入并占据已经被其他物质占据的空间吗？当物质运动时，它会移动到哪里，会留下什么？物质到底为何能运动？假如物质是连续的，凝结和稀释的过程究竟如何能够发生？不，无法发生！它们只有在物质不连续的情况下才能实现凝结和稀释：物质应由不相连、不可分割且不可压缩的碎片——留基伯和德谟克利特的原子——组成，并在虚空中运动。当物体中的原子远离周围的虚空时，就会发生稀释；当它们彼此靠近时，就会发生凝结。“到目前为止，稀释-凝结理论最重要的一个贡献是，它是原子论的垫脚石，原子论实际上是随它而来的。”[13]

将物质构想为不连续的（原子的），这可以说是第一个量子理论，亦即现代量子理论的先驱。在现代量子理论中，物质和能量都是量子的（不连续的）：物质由不相连的基本粒子——夸克和轻子构成，能量则以离散的（量子）、束状的（例如，光子就是光能的粒子）形式出现。

结论

关于稀释和凝结的所有难题只能通过原子论（“物质原子与能量原子”一章将会全面介绍）来应对，因为这样一个伟大的想法，不仅要先依靠德谟克利特的前辈们所构想的所有伟大观念的发展，还须以数学为依据（原子论的主要贡献者德谟克利特也是一位杰出的数学家）。数学不仅是一个抽象的知识领域，也是一种用于描述自然的实用方法，它的重要性很早就已为人所知。特别是伟大的毕达哥拉斯，他对数字极具热情。

Ω 数与形 ∞

导语

萨摩斯的毕达哥拉斯（约前570—前495）开创了对自然进行数学分析的先河，这对于现代理论物理学来说是一次基础性实践。“万物皆数”是毕达哥拉斯最重要的学说。[1]尽管其确切含义不够清晰，但它依旧指出自然界的现象是可以用方程和数字来描述的——或者说，现象是模式的自组织，不是混乱或随机的。因此，自然可以通过科学方法被量化和了解。基于此，自然的本原并不是物质（如水和空气），而是一种数学形式（如方程）。该学说强调，由于自然的数学规律不容易被察觉，感官知觉只是揭示了自然（现实）不真实的一面，智识却可以通过数学建模让人们窥见更真实的自然。

毕达哥拉斯学派还量化了悦耳的音乐声、直角三角形乃至天体的运动。“哥白尼革命”（日心说）可以追溯到毕达哥拉斯的宇宙论，但最后，爱因斯坦的相对论澄清了一个与之相关的普遍误解：“地球绕着太阳转（日心说）是对的”，而“太阳绕着地球转（地心说）是错的”。

柏拉图受到了毕达哥拉斯学派数学的启发，但他用“万物是形状、形式、**理型**”取代了前者的“万物皆数”理念，这种对自然的抽象解释被称为“理型论”。量子力学的波函数（wave functions）是一种描述微观粒子的数学形式，所以也可将其视为夸克和轻子的柏拉图式理型（Platonic Forms）。

毕达哥拉斯其人

毕达哥拉斯在意大利南部的克罗顿创立了一所面向男女两性的学校，他和他的学生们就在那儿进行各种研究，范围包括宗教、哲学、科学、数学和音乐。他们践行着相同的生活方式：禁欲（比如锻炼身体，保持缄默，以及不吃肉和鱼的特殊饮食习惯）和保密（这大概是为了把他们的发现只告诉自己的学生，以便吸引更多的学员入学）。因此，我们也一直很难准确地区分哪些哲学观点出自毕达哥拉斯本人，哪些出自学派的其他成员。亚里士多德通常将他们笼统地称为“毕达哥拉斯学派”，由此避开了这一难题。柏拉图在《理想国》（*The Republic*）中专门写到了毕达哥拉斯，说他之所以会受到学生们独有的尊重和喜爱，不仅因为他的知识，还因为他向学生们传授了“毕达哥拉斯哲学”的生活方式，这种生活方式以高道德标准而闻名。智慧、正义和勇气都是他们追寻的美德，友谊也备受重视。毕达哥拉斯对学生的教条性影响是显而易见的，学生们会把他的看法视为预言，他们的口头禅就是“他本人这么说过”[2]。毕达哥拉斯学派的学说在希腊哲学中的影响力持续了800多年（从其诞生的公元前6世纪末一直到公元3世纪）。

从尘世的和音到宇宙交响乐

悦耳的音乐声

为了说明数学在自然界中的作用，毕达哥拉斯最早用数学描述了悦耳的音乐声。一开始，他发现弦乐器的拨弦声取决于弦的长度和张力。举个例子，当你用手指按压吉他弦并将其振动段变短时，拨动它时所发出的音调会变得更高。他还观察到，当两根相同张力的弦的长度呈小整数之比时，拨动它们所产生的混音听起来更让人愉悦——例如，2∶1是八度音程，3∶2是五度音程，4∶3是四度音程，5∶4是三度音程——数学由此形成了一个离散的**量子**集合，在该例中，它是1、2、3、4、5的集合（通过依次排列上述比值的数字而获得）。

从两个角度来看，毕达哥拉斯的音乐理论是科学演进史上的一个重要里程碑。首先，既然声音现象可以被量化，或者说，可以用数学公式来表示，那其他现象又有什么不可以呢？其次，如果万物确实能用数字来表示，那么数学就是所有自然现象的根本而统一的原理了，即使它们看起来如此不同。考虑到这一点，万物或许就能以某种方式产生关联，至少在数学上是这样的——换言之，我们有可能发明出一种可以描述一切的终极数学方程，而这正是万物理论的目标。因此，从更深层次的数学上来看，经证明，彼此没有明显关联的现象可能都遵循着相同的数学原理，因此，它们会存在一些不易察觉的共同点。我们已经谈过如今为追寻万物理论而展开的统一大业，但寻求普遍法则的宇宙统一大业的第一步，还是颇有胆识的毕达哥拉斯学派迈出的。他们通过数学将两个看似无关的现象联系到了一起：尘世的和音与天体的运动。他们是怎么做到的？

球体的音乐

首先，毕达哥拉斯学派假设，与地球上的物体穿过空气时会产生声音这一现象（缓慢运动产生低音，快速运动产生高音）相同，恒星（包括太阳）、月球和行星（包括地球）在穿过以太（ether，时人认为宇宙中充盈着这种更纯的空气）时也可以产生天体的声音，而且这些声音肯定会和谐地融进一首歌中。他们推断，弦乐器产生和音的弦的长度比率与天体的旋转速度形成的各种比率**必须相同**。这一要求基本上限制了天体的速度和轨道只能是某些离散的量子数，这一想法与现代量子理论的本质相吻合！

只要比较各个天体升起的时间，就可以很容易地推断出它们的相对速度。例如，月球会比恒星群晚50分钟升起（部分参照组在某天会与月球一同升起），但太阳只比恒星群晚4分钟升起，这在古代便是常识。由此可知，恒星群的公转速度是最快的，太阳次之，月球最慢。由于速度不同，至少可以说，它们在穿过以太时发出的声音也不会一样。但毕达哥拉斯推测，它们发出的声音必须是和谐的，因为自然界是一个“*cosmos*①”[3]，这个词就是毕达哥拉斯本人的发明，它指代一个美丽而有序的宇宙。对这个宇宙来说，天空中刺耳的音乐是缺乏美感的。毕达哥拉斯学派解释说（由亚里士多德转述），天体奏出的音乐我们是听不见的，因为天体一直在演奏，“那声音自我们出生时起就在我们的耳中，所以我们无法区分它和它的对立面——寂静；声音和寂静只能通过二者的对比来区分”[4]。举个类似的例子，一个厨师如果连做几个小时的饭菜，也会闻不到它们的味道。受尘世弦乐的和音的启发，毕达哥拉斯学派以类比法推论出听不到的天体的和音。这种通过类比具体的事物从而得出一般规律的方法在科学上是很常见的。

毕达哥拉斯学派关于和音与天体声音的联系，最早于1619年因开普勒（Johannes Kepler，1571—1630）的调和定律

---

① 这一希腊单词本有“秩序”“适度”和“美”的含意，后被毕达哥拉斯用来指代有序的宇宙。

（harmonic law）而声名大噪。当时这位天文学家发现，当行星在椭圆轨道上绕太阳旋转时，它们在近日点（行星距太阳最近的位置）上的最快速度与在远日点（行星距太阳最远的位置）上的最慢速度之比，与毕达哥拉斯的弦乐器发出的悦耳和音的比率非常接近。开普勒在《世界的和谐》（*The Harmonies of the World*）一书中写道："天体的运动不过是几种声音构成的一首连贯的歌曲，能感知它的是智识，而非耳朵。"[5]

此外，在20世纪初，也就是量子理论兴起的时代，物理学家尼尔斯·玻尔（Niels Bohr，1885—1962）和阿诺德·索末菲（Arnold Sommerfeld，1868—1951）将原子构想成一个微型太阳系，其中的电子会绕原子核运动，就像行星绕太阳运动一样。然而，在他们的理论中，电子的轨道是量子化的。它们的离散速度和轨道大小都被限制在特定数值（就像毕达哥拉斯理论中的天体一样），可以用名为"量子数"（quantum numbers）的特定整数来表示。这些整数"显现出了比毕达哥拉斯球体［天体］音乐中恒星群的和音更加悦耳的和谐"[6]。值得注意的是，与毕达哥拉斯行星运动的量子化理论相比，牛顿的理论有很大不同：根据牛顿的引力理论，行星在离散速度或轨道大小方面没有限制。

但按照量子理论，它们应该受到限制，尽管其量子表现因为它们的质量很大而小到可以忽略不计。

更重要的是，根据弦理论的最新成果，借弦理论物理学家布赖恩·格林（Brian Greene，1963— ）的话来说：“宇宙中的万物，从最微小的粒子到最遥远的恒星，都是由一种要素——一种被称为‘弦’的微小到难以想象的振动能量线——构成的。就像大提琴的弦可以产生极其多样的音符一样，弦理论中的迷你之弦也会以多种方式振动，由此构造出自然界的所有组成部分。换句话说，宇宙就像一首宏大的交响乐，与这些微小的振动能量线所能演奏的各种音符产生共鸣。”[7]自然万物间的那种难以察觉却能用数学描述的宇宙联系，是由伟大的毕达哥拉斯构想出来的，并且一直被现代物理学重申。然而，数学并不总是有理的。

数的无理性

毕达哥拉斯定理[①]（即直角三角形的斜边的平方等于另

① 也叫勾股定理。

两条直角边的平方和）的证明，是数学演绎推理这一新理念的典范。在数学演绎推理中，一般定理的证明都要从最少的公理出发。这尤其有利于毕达哥拉斯的那条最重要的学说——“万物皆数”，但这也成了一个不好的兆头。在毕达哥拉斯定理被证明后不久，它在一种特殊的直角三角形（等腰直角三角形，设其两条等边的长度均为1个单位）上的应用导致了一种新型数的发现，即**无理**数，这让毕达哥拉斯学派困惑不已，并动摇了他们数字学说的根基。人们发现，等腰直角三角形的斜边长度等于2的平方根，即：

$\sqrt{2}$=1.4142135623 7309504880 1688724209 6980785696 7187537694 8073176679 7379907324 7846210703 8850387534 3276415727……

2的平方根没有精确数值，它只能是个近似值，这里只显示了它的小数点后100位。因为就算用尽全宇宙的纸都写不完这个数！也就是说，我们写不出这个斜边长度的精确数值，只能取一个近似值。但必须强调的是，这个数只是近似的，它不代表斜边的真实长度，只是近似长度。那么问题来了，如果我们无法给某些事物赋予一个精确的数字，万物又怎么可能是数呢？为了回答这个问题，我们还需要对无理数多一点儿了解。

在数学史上，整数（……，−4，−3，−2，−1，0，1，2，3，4，……）被认为是我们唯一需要的数字，因为有了它们的各种比（分数），所有存在的数字（包括非整数）就都能够被写出来。例如，非正整数1/3显然是表示1和3这两个整数的比；非负整数−5/4是整数−5和4的比；甚至0也可以看作0和2或0和7等的比。事实上，就连整数本身也可以用两个整数的比来表示，如8=16/2。能够用整数的比来表示的数字被称为“有理数”。因此，对于毕达哥拉斯学派（以及直到那个历史时期的一般认知）来说，只存在有理数。

对于毕达哥拉斯学派来说，每个数字都可以用两个整数的比来表示，那么，**每条**几何线的长度也应该可以。但他们震惊地发现，上述等腰直角三角形的斜边长度不能用两个整数的比来表示！这个长度不是一个有理数。它等于2的平方根（$\sqrt{2}$），这是一个无理数。无理的字面意思就是，没有任何数字的比可以为$\sqrt{2}$提供一个准确的数值，一个都没有。因此，人们对$\sqrt{2}$只能作估算。例如，若取小数点后一位，$\sqrt{2}$就等于数字1.4（就该近似值而言，它可以被看作14/10或7/5）；若取小数点后两位，$\sqrt{2}$等于1.41（就该近似值而言，它可以被看作141/100）。无理数是无穷无尽的，它们的数值均无法用比来表示。著名的数学常数π（圆周率）就是个无理数。

$\sqrt{2}$的无理性给数学学说带来的冲击极大，传说是毕达哥拉斯的学生——梅塔蓬图姆城邦的希伯斯（Hippasus，公元前5世纪）发现的无理数，后来他因被学派报复而溺亡于深海。自毕达哥拉斯时代以来，无理数在数学和物理学的发展中一直扮演着重要的角色。但无理数至今仍是一个对认识论的挑战，因为无理数通过数字只提供了对自然数值的**近似**认知。这种“近似认知”很重要，我们将在“自然的悖论”一章再次介绍，并试图以它来理解芝诺那令人着迷却又自相矛盾的观点，即表观运动并不是真实的——例如，一支看起来正在飞行的箭并没有真的在移动！

宇宙是算术性的还是几何性的？

如果某些事物不能被赋予一个精确的数值，那万物怎么可能都是数呢？如果我们只考虑精确的数字，这当然不可能；但在更广泛的意义上，这是可能的。首先我们要清楚，一般来说，自然现象是由现代物理学的各种方程式所确定的数字（比如今天的气温）。人们将这些数字（现象）依次与实验数据（也是数字）进行比较，以验证或证伪那些预测它们的假设，正如科学方法所要求的那样。

其次，我们将在“不断变化的宇宙”一章看到，在前沿的物质理论——量子理论——的语境里，微观粒子失去了它们的持久性和可区分性，因此它们的性质（如位置、速度、能量乃至其存在）只能用概率来表示，并只能表示为所谓波函数（概率函数）计算出的平均值，即量子方程的解。既然自然界的每一个宏观物体都由微观粒子构成，那么“万物皆数”确实没错。不过，从另一个角度来看，波函数本身是抽象的三维**几何**，而它**几何**形状的精确度取决于量子**数**。对于化学元素周期表中的原子（如碳和氧）来说，这些量子数还限制了壳（原子核周围的区域）中可能存在的电子数量，以避免它们过度拥挤——因为电子需要自己的空间（和人有点儿像），这种理念被称为“泡利不相容原理”（Pauli exclusion principle）。

如果还想探讨用几何描述宇宙，我们可以在“不断变化的宇宙”一章看到，爱因斯坦广义相对论中的引力就是空间几何的一种表现形式。它不是牛顿所宣称的力。

所以，万物不可能单纯是算术性的，它们还是几何性的。事实上，由于量子理论中粒子的踪迹是以**波**函数的概率来表示的，一个**粒子**（一个**定域**实体，一个概率**数**）也是一种**波**（一种**延伸**实体，一种**几何**形式）。这种对自然的双重描述被称作“波粒二象性”（wave-particle duality，对物质和光都适用），也可以被称作“几何-算术二象性”（geometrical-arithmetical duality）。柏拉图是第一个用物质的几何学理论挑战毕达哥拉斯学派数学学说的人。

柏拉图的理型论

有形的理型论

柏拉图深受毕达哥拉斯学派的启发。但他认为，无理的量已经彻底摧毁了将事物化为纯粹数字的可能性。那这之后要怎么办呢？不妨瞧瞧你周围，你看到了什么？是形状！对于柏拉图来说，万物即形状。他在《蒂迈欧篇》（*Timaeus*）[8]中假设，尘世间的每一种物质形式，包括土（固体形式）、水（液体形式）、空气（气体形式）和火，都是由一种控制着物质性质且结构不可见的独特形状（或形式）构成的。比如说，如果能把灰尘（土）放大，我们就会发现它是由微小的立方体（这些立方体像固体物质那样容易堆积）构成的，见图1；水由二十面体构成（它也是柏拉图所描述的结构中相对最圆的一种，因此可以像水一样滚动或滑动）；空气由八面体构成（易于流动）；火由四面体构成（有尖锐的角，可以灼烧或切割物体）。后来，亚里士多德又添加了第五种实质（元素），即“至高无上”的、天上的以太——它在希腊语中意为“闪耀”，只居于天空上层，[9]因此也是构成闪烁的群星的物质——亚里士多德认为它是由十二面体构成的。柏拉图认为，人类受感官限制看不到这些结构，只能看到它们不完美的整体。

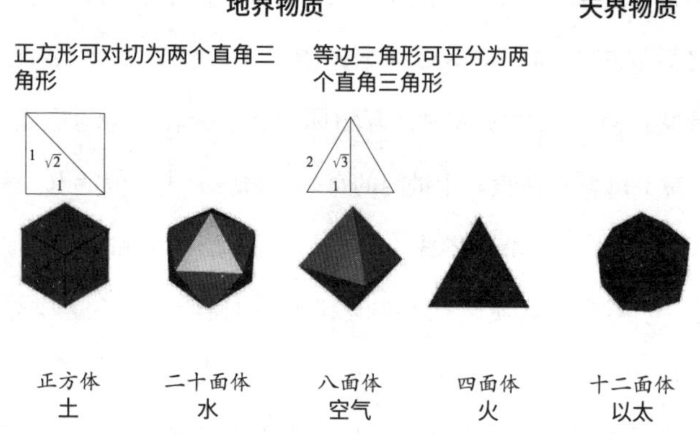

图1　柏拉图的地界物质理论与亚里士多德的天界物质理论

地界物质中的立体图形都有对称的面——正方体的各面是正方形，另外三种形状的各面是等边三角形——这些面都由两个直角三角形组成，正方形可以对切为两个直角三角形（有一条边长是无理数$\sqrt{2}$），等边三角形也可以平分为两个直角三角形（有一条边长是无理数$\sqrt{3}$）。由于它们都有无理数的边长，柏拉图认为，这些三角形在物理上是不可分的（原子性的），因此是所有地球物质的基本“构件”。从此，在科学史上，万物就成了算术（数字）和几何（物理性的及抽象的形式）的结合。

抽象的理型论

柏拉图认为，万物有不可见的基本几何形式。随着时间的流逝，这一观念变得抽象起来，成为一种对自然的纯理性的描述，被称为“理念论”或“理型论”。[10]这种理论告诉我们，我们所经历的万事万物——即感官可感知的对象，如海洋、山脉、树木，同时还有品质，如友谊、同情心和美——都只是更伟大的真理的不完美复制品，或它的影子。真理是一种理想的、不可更易的理念，一个能够代表每一个特定对象或品质的普遍形式。比如，存在着一种代表理想的友谊的抽象形式，还有一种代表理想的等腰直角三角形的形式。柏拉图认为，我们所经历的每一段友谊或每一个等腰三角形，都是神所创造的真实形式的不完美复制品。只有了解了这些理型，才能获得真正的知识。量子力学的波函数（它们是数学形式）就可被视为微观粒子的柏拉图式理型。[11]

数学的价值

理型论可能起源于毕达哥拉斯学派数学。柏拉图本人也是一位颇有成就的数学家，他的学园入口处还刻有这样的铭文："不懂几何者不得入内。"[12]毕达哥拉斯向人们表明，数学可以量化自然，它是科学的语言——我们可以测量自然，以验证或证伪我们的科学假设。即使某个自然现象背后的法则还未被发现，我们也能假定法则存在，就像能用数学方程表达它一样。事实上，这正是科学的前提。没有这样的态度，科学就不会有进展，真理也无法被发现。

地心说 vs. 日心说：相对真理

毕达哥拉斯学派宇宙学

毕达哥拉斯是一位伟大的几何学家，他很清楚球体、平面和线之间的关系。他可能是第一个推断出地球是一个球体的人，或许是一些观察帮助他得出了这一结论：当月食现象出现时，地球在月球上投下的阴影是圆弧形的；逐渐远去的船只的桅杆最后会消失不见（同样地，当船只逐渐接近时，桅杆会最先出现）。毕达哥拉斯本人还知道，那颗出现在傍晚和清晨的"星"其实是金星。

但毕达哥拉斯学派在宇宙学上最显著的成就，是否定了地球是宇宙的中心，并想象它一直在运动——该成就通常归功于毕达哥拉斯学派的菲洛劳斯（Philolaus，约前470—前385）。在该理论中，地球绕着一个被称为“中心火”的、布满火焰的中心旋转，月球、太阳、行星（水星、金星、火星、木星、土星——这些都是古代已知的行星，因为只有这些行星可以在不用望远镜的情况下看到）以及固定恒星（之所以这么称呼，是因为它们相对于彼此的位置是明显固定的）也都如此。而且，**行星**的字面意思就是“漫游者”①，因为行星会在固定恒星之间变换自己的位置。[13]在该理论中，中心火是不可见的，因为地球上可居住的那个半球总是背对着它，而面对它的那一面则因为太热而不宜居住。附带一提，月球的同步运动——依据是其自转周期与绕地公转周期相同②——所产生的效果也是一样的：月球的近侧总是面向地球，远侧总是背对地球，这使得地球上的观察者始终看不到月球的远侧。此外，还存在着一个绕中心火旋转的天体——反地球，它因自己的位置而得名。[14]毕达哥拉斯学派猜想，反地球总与地球上无法住人的半球

① 行星（planet）的词源来自希腊语的“planētēs”，意为“四处流浪的（星星）”。引入英语中，指代围绕太阳或其他恒星运行的天体。

② 月球的自转周期和绕地公转周期几乎都是27.32天。

处在同一方向，所以就像中心火一样，它也是不可见的。我们不能确定毕达哥拉斯学派为什么在猜想时需要一个反地球存在（有学者推测他们要用反地球来解释日食及月食），甚至不确定反地球是不是一颗真实的行星——鉴于它的位置，反地球可能只是地球上不适合人类居住的那个半球。

除了绕中心火旋转，地球每天还会绕自身的轴旋转，这可以解释为何人们能明显地感觉到天空在旋转。这一大胆的理解与当时的“地球静置于宇宙中心”的流行观点，以及人们感觉不到地球在运动的证据相悖。打个比方，要理解天空在明显地转动，你可以假装自己就是地球，然后站到房间中央，绕着你身体的轴线逆时针旋转。你可以把周围的墙想象成天空（上面有太阳和群星），天空似乎在以顺时针绕着你旋转。

学派还假定只有中心火是自发光的，其他所有天体都是通过反射它的光芒而发光。根据事实，学派假定中心火存在的理由可能是这样的：鉴于月球发的光是反射光——这是古代就有的认知了——而且月球有昼夜循环，地球显然也应该和月球一样。但太阳以及其他天体为什么是例外呢？太阳在很多方面都和月球很像，比如运动形式、形状、日/月食现象、颜色。如果没有例外，就必须推测存在一个光源，中心火由此诞生。

毕达哥拉斯学派的这类推论既不算地心说，也不算日心说，它实际上是一个相当合理的宇宙论。既然每一个可见的天体看起来都在运动，地球或许也应该在运动，毕达哥拉斯学派可能就是这么想的。由此看来，我们难以想象地球在运动的原因就出自我们带有欺骗性的器官——眼睛。我们无法检测出所看到的物体和我们的实际距离，尤其是恒星与我们的距离。这让我们误以为，所有天体和我们的距离都是一样的。因此，这些天体虽方位各异，看起来却都固定在一个半球形的穹顶之上，亦即我们所说的天空的一部分。天空看起来每天都在绕着我们旋转，出于此原因，出现在我们视野中的新星似乎也和其他所有星星一样与我们保持着相同的距离。因此，我们会想象每一颗恒星都固定在一个球形的天空上——尽管在任何时候，我们都只能看到一个半球形的天空——以地球上的我们为中心。此外，穹顶形的天空每天绕我们旋转，这也很容易让我们误以为地球在天空的中心处保持绝对静止，所以得出地球是宇宙的绝对中心，地球在宇宙中占据着一个特殊的位置的结论。

这其实就是地心说。由于人们不完美的感官和最早不明真理的智识，地心说自然而然地成了第一个宇宙学模型。但毕达哥拉斯学派很清楚感官是不可靠的，同时，他们也是具有敏锐的批判性思维的杰出数学家。不止如此，毕达哥拉斯学派还是一群具有美德的人，比如谦逊，所以他们能毫不费力地否定地球和自己是宇宙的中心及目的。

不存在特殊的中心

受毕达哥拉斯学派宇宙学的影响，哲学家赫拉克利德斯·彭提乌斯（Heraclides Ponticus，约前390—前310）也开始构想自己的宇宙学模型。他正确地解释了水星和金星亮度不同的原因是它们与地球的距离不同。他还观察到，这两颗行星似乎总是紧随着太阳——当人们能看到它们时，其中一颗（但它们彼此独立）要么恰好在太阳升起前不久升上天空，要么恰好在太阳落下后立即落下，尤其是水星，因为它离太阳更近——这些观察促使彭提乌斯想象两颗行星都在绕日旋转，从而证明了它们与地球的距离不同，因而其亮度也不同，而且太阳在绕着位于宇宙中心的静止的地球旋转。在阿里斯塔克提出包括地球在内的所有行星都在绕日旋转后，这种部分日心说的观点——只有那两颗行星是直接绕日旋转的——就成了一种成熟的日心说理论。[15]虽然该理论不被地心说支持者所接受，但它在很久以后又被哥白尼重新提出了。

毕达哥拉斯学派宇宙学第一次摆脱了地球中心和人类中心世界观这两种偏见，它还是发掘日心世界观的灵感之源。或许是由于科学界有过对该主题的失实表述，人们普遍认为日心说是正确的，地心说是错误的。实际上，日心说意义的深刻之处在于：（1）它是**又一个与地心说不相伯仲**的观点——尽管日心说起初也像地心说一样被误以为是绝对的，好像太阳是宇宙的绝对中心［哥白尼在《天体运行论》（*On the Revolutions of the Heavenly Spheres*）中就持这种观点，他还启发了伽利略，后者在《关于托勒密和哥白尼两大世界体系的对话》（*Dialogue Concerning the Two Chief World Systems*）中（1564—1642）也支持这一假说］；（2）由于这两个中心说难分优劣，宇宙存在绝对中心的观念也就被废弃了。其实，在现代物理学中，任何一种中心观都是对的。科学家们之所以会选择某个特定的中心，只是为了通过概念和数学让人们方便理解物理现象，所以，不应该将其误解成绝对的或唯一正确的观点。这种观念得到了狭义相对论的支持（见下一小节），天文学观测也对此表示支持，包括很多新发现的星系在内，每个星系都有数十亿颗恒星绕星系中心旋转，这些观测都大致表明宇宙是各向同性的（因此，没有哪个位置比其他位置更特殊）。最后，这种观念被认可，可能只是因为人们谦逊，地球和太阳都不应占据一个特殊的中心位置，而且一般来说，宇宙中并没有哪一个点应该比其他点更中心或更享有特权。宇宙既没有边缘，也没有中心，物理法则同等适用于所有地方。“哥白尼假说［（1）**地球**每年绕太阳旋转一周，而不是太阳绕地球旋转；（2）地球每日绕自身的轴自转一周，而不是天空绕地球旋转］的优势并不在于它的**真实**，而在于它的简单。从运动的相对性［爱因斯坦的相对论］的角度来看，这一假说不涉及真实性问题。”[16]我们可以这么想：（1）要么地球每年绕太阳旋转一周，要么太阳每年绕地球旋转一周；（2）要么地球每日绕自身的轴旋转，要么天空每日绕地球旋转。上述两者其实都正确（稍后我们还会再强调一下这两点）。空间和时间在牛顿物理学中是绝对的，但在爱因斯坦的狭义相对论中是相对的。这意味着，对于相对论来说，不存在**绝**

对的参照系——一个可以用来描述绝对运动的特殊观察位置。只有**相对的**参照系可以用来描述相对运动。因此，我们可以选择任一中心，使某物**相对于**它静止或运动。但确立一个绝对静止或绝对运动的特殊中心是毫无意义的。空间、时间和运动都是相对的。我们来详细地说明一下。

牛顿的绝对论vs.爱因斯坦的相对论

牛顿物理学

在牛顿物理学中，空间和时间是绝对的，因此与观察者的相对运动无关。这意味着空间距离和时间间隔不会因运动而改变。举个例子，一个物体的长度和质量对于所有观察者来说都是相同的，这与观察者相对于该物体或彼此的位置及运动如何无关。对于观察者来说，时间的流逝方式也是相同的。例如，双胞胎的年龄总是相同的，无论他们有没有相对于彼此运动。对于一个观察者来说，一般同时发生的两个事件在所有观察者看来也应该是同时发生的，这是绝对的同时性。空间是早已存在的、被动不变的（不受影响，在某种意义上与其他一切都“无关”）天地，空间中存在物体，会发生事件，而时间则在宇宙背景中稳定地流动，仿佛一座宇宙时钟，为宇宙中的每个人和每一处显示着相同的、精准的时间。“现在”和“这里”对于牛顿来说是绝对的概念——也就是说，某件事何时发生，在哪里发生，这两个事实是每个人都认同的。但爱因斯坦的狭义相对论证明了这一切都是错的，即便这些都是我们日常体验世界的方式。

狭义相对论

在狭义相对论中，真空中的光速，记作c，始终约为6.71亿英里/小时[①]——换言之，光在1秒内传播的距离相当于绕地球8圈。光速在所有参照系中都是相同的（对于所有观察者都一样，无论观察者相对于光源是运动还是静止的）。它也是一种宇宙速度的极限——**绝对恒定**——就算能够接近，也绝对没有任何实物的速度可以达到或超过光速。这个事实与工程学无关，并不是因为人类没有高功率的引擎可以将物体加速达到光速，而是因为这就是自然的运行方式，是自然法则。自爱因斯坦于1905年在其狭义相对论

① 约为10.8亿公里/小时。

中提出这一假设以来，它始终能经受实验的检验。如果光速c不是宇宙常数，因果律就会被颠覆，宇宙就将自相矛盾：一条比光速更快的信息可以被发送到我的过去，以阻止我的父母相遇（我存在的原因）。但如果我存在的原因被消除，我（结果）又怎么还能存在呢？我的存在证明了光速c一定是宇宙常数，但它的结果是惊人的。

其中两个最引人瞩目的结果与空间和时间有关：空间和时间不再是绝对的了，而是相对的，这取决于一名观察者的相对运动。空间和时间（通过洛伦兹变换[①]）以数学的方式结合，形成了一个被称为“时空”的连续体。空间距离和时间间隔确实会随着观察者的相对运动而改变。相对空间意味着一个运动物体在运动方向上的长度会收缩，如一名相对于该物体静止的观察者所看到的画面——该现象名为“长度收缩”（length contraction）。相对时间意味着没有宇宙

---

① 洛伦兹变换（Lorentz transformation）是狭义相对论中两个作相对匀速运动的惯性参考系之间的坐标变换，是观察者在不同惯性参照系之间对物理量进行测量时所进行的转换关系，在数学上表现为一套方程组。它最初由荷兰物理学家亨德里克·洛伦兹（Hendrik Antoon Lorentz）提出，用于调和经典电动力学与牛顿力学之间的矛盾，后成为狭义相对论中的基本方程组。

时钟，一个运动的时钟（比如它在一艘移动的宇宙飞船上）的时间流逝会发生膨胀，相对于地球上静止的时钟，它的时间流逝的速度要更慢——该现象名为“时间膨胀”（time dilation）。全球定位系统（GPS）是常见的手机导航应用程序会采用的系统，为了保证程序的正常运行，必须考虑时间膨胀这个因素。如若不然，你车里或手机里的GPS接收器就会弄错你的目的地。顺便说一下，GPS还必须考虑到由广义相对论所预测的另一种时间效应。与地球上的时钟相比，绕地轨道上的时钟运行得更快，因为轨道上的引力比地面上的要弱。

有意思的是，时间膨胀使得时间旅行成为可能，因为我们可以利用时间膨胀旅行到未来。假设九霄和坤灵是一对双胞胎。九霄喜欢在太空中旅行，而坤灵更喜欢待在地球上。如果九霄以接近光速的速度旅行，她返回地球时就会发现，自己比坤灵以及地球上的其他所有人或事物的年龄都要小，小多少取决于她旅行所持续的时间，以及移动的速度有多接近光速。比如说，如果九霄的移动速度是光速的99.5%，那么她在旅行期间每长1岁，坤灵就要长10岁；而九霄的移动速度如果是光速的99.99%，那么她每长

1岁，坤灵就要长71岁。因此，即便是双胞胎，去太空旅行的那位也会比地球上的孪生妹妹老得更慢。要在此强调的是，在时间旅行中，九霄对时间流逝的感觉和在地球上生活时的感受没有什么不同。只有当这对双胞胎彼此交流时，比如再次见面的时候，她们在年龄上的差异才会被注意到。

一般来说，如果你以接近光速的速度旅行，你所经历的时间将比那些没有与你同行的人所经历的时间（相对）要短。因此，由于时间膨胀效应，你就可以前往那些没有和你一起旅行的人的未来。就像1968年的影片《人猿星球》（*Planet of the Apes*）中的宇航员一样，他们在近光速的旅程中只老了18个月，回来后看到的却是一个经历了末日浩劫的地球，地球的时间自他们离开后已经过了2 006年。因此通过高速旅行，你可以在你选择的某个未来世纪重返地球。在那个未来世纪里，你可能会享受到地球上更先进文明的巨大发展成果。当然，高速旅行也有不利的一面，那就是时间相隔如果太遥远，你熟悉的人可能都已不在了，没有人会来迎接你的归来。这样的一趟旅行值得吗？

光速的绝对恒定还有一个迷人的结果——它允许我们

看到过去。事实上，我们一直都在回望过去，仰望太空就是在回望过去的时间。我们看得越远，我们看到的过去就越久远。之所以这么说，是因为星光从遥远的恒星传播到我们的眼睛需要时间。光速不是无限的，所以光的信息不会瞬时传递。举个例子，太阳光需要大约8分钟才能到达我们的眼睛。这意味着如果中午12点观察太阳，我们实际上是在看上午11点52分的太阳的样子。但北极星距我们约434光年（也就是说，它的光需要过434年才能到达我们这里），所以，我们今晚观看北极星其实是在看它434年前的样子。北极星现在可能已经不在那里了！

狭义相对论还带来了另一些效应。比如，一个物体运动时的质量比其静止时的质量更大，当这样一个物体的速度接近光速时，它的质量接近无穷大，但无穷大的质量也需要无穷大的力（这不存在）才能将其速度精确地提升到光速。因此，光速是实物无法达到的速度。同样地，对于观察者甲来说，同时发生的事件（比如两个婴儿同时出生）对另一位相对于甲运动的观察者乙来说就不是如此了（两个婴儿中，一个先于另一个出生）。这些所谓相对论效应只有在与光速相当的高速下才会表现得明显。然而，由于我们日常现象涉及的速度远远小于光速，我们就会误以为牛顿物理学是对的。但牛顿物理学依然与真相几近相似，因为在速度极低的情况下，狭义相对论方程都可以简化为牛顿方程。质量和能量的等价关系（以方程$E=mc^2$表示）、长度收缩、时间膨胀和同时性的相对性，都是狭义相对论最惊人的结果之一。

1905年发布的狭义相对论论述了匀速直线运动这一特殊情况。1916年发布的广义相对论论述了（改变速度和/或方向的）加速运动这种一般情况。附带一提，由于落体会加速下落，所以广义相对论实际上是一种引力理论，比牛顿的引力理论更先进（且它的愿景和内在哲学也与牛顿的不同）。在狭义和广义相对论中，空间、时间和运动都是相对的。相对运动意味着只能相对于参照系（或观察者）来辨识或测量运动。爱因斯坦说："每一种运动［无论是匀速的还是加速的］都只能被视为相对运动。"[17]相比之下，牛顿并不这么看，比如他认为旋转运动就是绝对的。

地球、太阳和天空的相对运动

根据狭义和广义相对论，空间、时间和运动都是相对的。就周年运动（annual motion）①而言，根据地心说，相对于地球（亦即地球上的观察者），太阳似乎在一年内绕地球旋转了一周；同样正确的是，根据日心说，相对于太阳（亦即假设的太阳上的观察者），地球似乎在一年内绕太阳旋转了一周。同理，就周日运动而言，天空（包括太阳和恒星群）似乎每天都相对于地球在向西旋转（因此太阳似乎每天都相对于地球从东方升起，在西方落下）——回想一下我们之前提到的那个类比，房间里的墙壁似乎相对于你做顺时针旋转。但同样正确的是，地球似乎每天都会相对于天空绕轴向东旋转——你也似乎在相对于墙壁绕轴做逆时针旋转。这种差异（是什么相对于什么在运动）“纯粹是表达方式的差异，它不过是‘约翰是詹姆斯的父亲’和‘詹姆斯是约翰的儿子’之间的区别”[18]。地球每天（相对于太阳和天空中所有其他星辰）向东旋转的观点，只是比太阳和天空中的无数星辰每天（相对于地球）向西旋转的观点更简洁（因为前者只有一个物体——地球——处于相对运动状态）。

① 周年运动也称周年视运动，是指由地球公转所引起的太阳在星座间“穿行”的现象，以一年为周期。

那位相对论天才写道：“以太阳和地球这两个天体为例。我们观察到的天体运动也是**相对的**，可以通过将坐标系［相对中心］与地球或太阳相连来描述。从这个角度看，哥白尼的伟大成就在于，他将坐标系的原点从地球转移到了太阳之上。但由于运动是相对的，任何参照系［中心］都可以被使用，所以好像没有理由偏爱哪一个坐标系［相对中心］。”[19]

毕达哥拉斯学派的希塞塔斯（Hicetas，约前400—前335）在伽利略、贝克莱主教（Bishop Berkeley，1685—1753）、恩斯特·马赫（Ernst Mach，1838—1916）[①]和爱因斯坦之前就认识到了运动的相对性：“根据泰奥弗拉斯多（Theophrastus）的说法，叙拉古人希塞塔斯认为天空、太阳、月球、星辰和天上的所有东西都是静止的，除了地球，

① 希塞塔斯提出了日心说的早期思想，其中隐含了运动的相对性观念，即地球和其他行星的运动是相对于太阳而言的，而非绝对静止或绝对运动；伽利略认为所有惯性参考系（惯性系）都是等价的，没有一个惯性系具有优越地位，由此强调了运动的相对性；贝克莱主教从主观唯心主义的角度出发，认为物体的运动状态依赖于观察者的感知和参照系的选取，这在某种程度上与运动的相对性原理有相通之处；马赫也认为物体的运动性质和规律与所采用的空间和时间度量的方式密切相关，他反对牛顿的绝对空间和绝对时间的概念，认为物体的运动状态是相对的，依赖于所选的参照系。

宇宙中没有什么是运动的。地球绕其轴高速旋转时所产生的效果与它静止但天空运动［旋转］时产生的效果相同。”[20]希塞塔斯的学生厄克方图（Ecphantus，约前4世纪）补充了一个重要细节：“就像轮子一样，地球也绕着它的轴自西向东旋转。”[21]当然，每个人（无论古今）都知道太阳、月球和群星（整个天空）看上去都是自**东**向西旋转的。这意味着希塞塔斯和他的学生理解了运动相对性的另一个方面：我们不仅可以看到物体相对于另一个物体运动，而且能意识到它们的相对运动还是反向的。哥白尼在《天体运行论》中引用过希塞塔斯的论断。牛顿在他的《宇宙体系》（*The System of the World*）中也（正确地）将哥白尼的革命成果归因于古人：“古代哲学家的看法是，在世界的最高处，群星固定不动，而地球绕太阳旋转。”[22]

马赫原理

在批评牛顿物理学的空间、时间和运动的绝对性时，马赫和先人贝克莱主教一样，他们都认为：（1）所有运动都是相对的。[23]不同的是，马赫接受了牛顿万有引力定律的一个原理，即（2）一个物体的运动会**瞬时**受到宇宙中所有其他物体的引力的影响。爱因斯坦将观点（1）和（2）结合，称其为“马赫原理”，并发现它们对自己的相对论的发展极具启发。[24]但最终，爱因斯坦只接受了观点（1）。[25]他之所以否定观点（2），是因为在相对论中，公设①的最快通信传播速度只能达到光速，没有瞬时一说。（但也不要现在就否定瞬时的相互作用，我们可以等到“不变的宇宙”一章讲“量子纠缠”的环节时再说。）

让我颇感奇趣的是，柏拉图对运动的解释和马赫的观点（2）也有相似之处。柏拉图和马赫都否定了原子和虚空，同时接受了实空（plenum，即**所有**空间都包含物质）理论。柏拉图将运动解释为轮子的旋转。由于没有虚空，他认为万物都是联系在一起的（要么直接接触，要么通过中介物质相连）。于是，一个物体可以靠推动与它直接接触的周围的物质来运动，同时，那些物质也在推动自己周围的物质（以及那些物质周围的物质，以此类推），从而导致宇宙中的一切瞬时交换了位置和方向，“像旋转的轮子”[26]一样移动（轮子上面的所有点或物质会同时移动）。因此，只要有东西在

① 公设，即公认为真，无需证明。

运动，宇宙中的一切都会同时随它一起运动——例如，我如果绕着我身体的轴旋转，宇宙中的一切也会同时与我一起旋转。柏拉图表示，无论物体间的距离有多远，运动都会瞬时传达给所有物体，正如马赫的观点（2）所暗示的。毕达哥拉斯学派肯定影响了柏拉图，柏拉图可能也影响了马赫，马赫则无疑影响了爱因斯坦。

但伊壁鸠鲁（详见“空间原子与时间原子”一章）却接受了原子和虚空的物质理论，还嘲笑了柏拉图的解释。有些人“坚称，水屈服于……推动它的鱼，因为鱼在身后留下了空间，让那些屈服的水可以一起流动。同理，他们［指柏拉图、亚里士多德和其他教授实空理论并否定虚空是运动方式的人］也假设，其他东西都可以通过相互改变位置而移动［就像那个旋转的轮子的比喻一样］，即便每个地方都是充实的。［但］水若不让路，鱼要怎么前进？鱼若无法动，水又怎会让位？……［能够弥补这一疑惑的方案就是：］……事物中包含着一种虚空的混合体，才使得每个事物都可以迈出第一步”[27]。

结论

在现代物理学的语境中，“万物皆数”，但它也确实是一种抽象的形式。更重要的是，很多表面上不相关的事物（现象）已经被统一了起来。人们发现它们遵循着相同的基本数学方程，因而也服从于相同的自然法则（如电弱统一[①]理论）。这些发现清楚地指出了毕达哥拉斯学派所预见的那种难以察觉的（数学性质的）宇宙联系。但除了数学的助益，要找到这些不显眼的联系的逻各斯（原因），人们还需要革故鼎新，能够统一不同的知识领域，拥有聚焦于难以捉摸的事物的敏锐目光。唯有如此，人们才能揭示自然界所有变化中不同现象所共有的特征，无论它们是可感知的，还是不易引人注意的。

① 电弱统一（electroweak unification）理论是电磁相互作用和弱相互作用的统一理论，它认为这两种相互作用是同一种相互作用的不同表现形式，这种相互作用称为“电弱相互作用”。

Ω 不断变化的宇宙 ∞

导语

以弗所的赫拉克利特（约前540—前480）提出，万物都在不断变化，没有什么是永远不变的，万物也要遵循逻各斯，也就是可理解的永恒的自然法则。因此，万物都处于生成状态（形成某物的过程中），而不是成形状态（达到或已经处于既定的最终状态，在此之后就不会再发生变化）。这意味着，事物或**永恒的**事物不再存在——因为它们与赫拉克利特的不断变化理论相矛盾——只存在事件和过程。他的学说在现代物理学中得到了强有力的证实，因为现代物理学认为，绝对的静止和不活动是不可能的。在爱因斯坦的四维时空连续体中，点是事件，夸克和轻子也是事件，这是因为与基于决定论的牛顿物理学不同，基于概率的量子物理学中的物质由于海森堡不确定性原理(uncertainty principle)①而失去了永久性和同一性。而且，也有证据表明，所有发生的事件都符合单一的普遍规律。

冲突与和谐

对于赫拉克利特来说，自然界中的万物都表现为冲突中的对立面。“我们必须认识到战争[对立面之间的竞争]是司空见惯的，冲突就是正义，所有事情都是依据冲突和必然性而发生的。”[1]因此，如果像荷马期望的那样没有冲突，宇宙就将走向毁灭，因为如果没有某种促进变化的力量，事件和过程就不可能存在。“赫拉克利特批评了荷马的想法，这位诗人说‘愿神和人之间的冲突能够消失’[荷马，《伊利亚特》(*Iliad*)，18.107]。因为没有高音和低音就不会有和音，没有雌雄对立就不会有生物。这些都是对立面。”[2]故而“冲突即正义”，对于赫拉克利特来说，变化就是由对

① 不确定性原理也称测不准原理，是海森堡于1927年提出的物理学原理，即不可能同时精确地确定一个基本粒子的位置和动量。

立面的冲突所引起的。没有冲突就不会出现变化。

和阿那克西曼德一样，赫拉克利特也需要通过这种冲突来实现宇宙正义。事实上，他认为任何对立面都不被允许拥有绝对优势，和谐诞生于它们的冲突之中。“反向张力的协调［和谐］，就像弓和琴的调和一样。”[3]这种冲突的和谐是由对立面所共有的潜在的统一性所产生的。也就是说，它是不同事物所具有的共同特征引发的结果。例如，质量这一属性是地球和太阳这两个不同的天体都具有的属性。因此（根据稍后将要讨论的牛顿第三运动定律），每个天体都会以相同的力吸引另一个天体！发现和理解这种统一性就是在理解逻各斯，不过要做到这一点很难，因为“大自然喜欢躲藏”[4]。尽管如此，牛顿和后来的一些科学家还是做到了。

作用力与反作用力

牛顿的作用力与反作用力定律（action-reaction law）即牛顿第三运动定律，它不仅描述了对立的力之间的冲突，也描述了它们那不易察觉的统一与和谐。根据该定律，每个作用力都有一个等量的反向作用力。例如，锤子施加给钉子的力与钉子施加给锤子的力的强度相同，但方向相反。其中，相互冲突的对立面就是两个朝**相反**方向作用的相互冲突的力，但它们的强度**相等**——因此，它们在力的强度上的统一是可以用数学来表达的，换句话说就是，作用力=反作用力。一种力（作用力）不能单独存在，它只存在于它与其对立面（反作用力）的关系之中——因此，荷马消除冲突的期望在牛顿物理学中是无法实现的。事实上，在物理学中，“物理作用总是**相互**作用，它始终是相辅相成的”[5]。

与之类似的是，在牛顿的引力理论中，地球**向下**吸引你的力和你**向上**吸引地球的力也**完全相同**！你的体重就是这种相互作用力的强度。地球和太阳吸引彼此的力也具有**相等的强度**（虽然这听起来令人难以置信，但确实是真的），但方向**相反**，因此这两个天体才会在空间和时间中和谐地运行。弓和琴也都遵循牛顿第三运动定律。弓的弦将两条弓臂（弓身上下的两个弹性部分）向一个方向拉扯——这是作用力，它沿着弓弦指向其中点。而弓臂的反应则是将弓弦拉向相反的方向——这是反作用力，它也沿着弓弦，但方向远离其中点。而且，作用力和反作用力的强度是相等的。因此，弓表面上的静止其实是对立而等量的张力——作用力和反作用力——之间持续冲突的结果。无论是在拉开弓弦准备射箭（或松开弓弦将箭射出）时，还是当琴弦静止时，抑或琴弦被拨动并产生曼妙的音符时，牛顿第三运动定律都是适用的。更令人印象深刻的是，在宏观层面上，弓或琴（或其他任何物体）看起来是明显不活动的，但在微观层面上，它们其实都在进行着疯狂而无尽的粒子交换活动。这是因为，微观层面上的力其实是一个多变的过程。永恒的变化即使难以察觉，也确乎是事实。

量子理论中的力

根据量子理论的标准模型，物质的粒子（夸克和轻子）之间的引力或斥力是由力的粒子不断交换而引起的，这些粒子名为“载力粒子”（force-carrying particle）或“信使粒子”（messenger particle），因为它们携载着力的信息而得名。力的粒子的交换会在物质粒子之间传递能量，导致它们自身的能量、速度和运动方向发生变化，并使它们相吸或相斥。

无质量的光子（photon）传导电磁力；无质量的胶子（gluon）传递强核力（比如胶子这种“胶水”能将夸克黏合在一起，从而形成质子和中子）；质量较大的W^+、W^-和Z^0粒子（分别具有正电荷、负电荷和零电荷）传递弱核力；至于无质量的引力子（graviton），人们推测它会传导引力。[6]描述引力子的完整理论尚未问世，同样需要重点强调的是，到目前为止也没有实验能够证实它们存在。

举个例子，两个电子间的斥力是通过光子的持续交换来传导的，以光速传播的光子由电子发射和吸收。也就是说，一个电子通过发射“信使”光子来反弹，另一个电子则通过吸收光子来反弹。这个重复的过程意味着光子的交换会将相互作用的两个电子的距离撞得越来越远。两个电子间的斥力正是这种持续的光子交换呈现出来的。类似的过程也可以解释其他力。

通过力的粒子的持续交换，物质粒子不停地运动并相互结合，形成了原子核、原子、分子，以及弓与琴这样的复合物体。因此，即使一个物体在宏观层面上看起来保持着静态平衡，一旦进入微观层面，它其实也处在一种多变、复杂且无尽的粒子交换过程之中。自然万物在不断地变化。

逻各斯

牛顿第三运动定律或标准模型对力的更详细的描述都可以被视作逻各斯的一部分。在第三定律中，潜在的统一性就是相互对立的力的强度相等。在对力的微观解释中，统一性是由粒子通过相互作用（冲突）所遵循的守恒定律来呈现的。也就是说，当物质粒子与力的粒子碰撞时，碰撞前的净能量（或动量，仅以两种守恒的性质为例）**等于**碰撞后的净能量（或动量）——相互竞争的对立面之间的赫拉克利特式统一也可用数学方式表达，即碰撞之前的能量=碰撞之后的能量，或碰撞之前的动量=碰撞之后的动量。当然，实际的方程描述得更具体，更详细，而且是用数学符号书写的。

物质和反物质也是冲突的对立面。它们的逻各斯是它们遵循的各种定律，包括（牛顿或爱因斯坦广义相对论中的）引力、（麦克斯韦或量子理论的）电磁学、标准模型、弦理论、圈量子引力等。潜在的统一性由各种守恒定律组成，涉及物质和反物质的每个过程都必须遵循这些守恒定律。在物质和反物质的冲突中产生的和谐，是世界的整体组织（这一概念将在“组织”一节中再行论述）。

在现代物理学中，我们正竭力理解各种现象，先是将它们分离出来，再找出它们遵循哪些定律。但正如赫拉克利特哲学所主张的，真正的理解是通过识别不同事物所共有的特征来实现的，只有设法将我们对孤立且看似不同的现象的理解联系起来，并发现它们背后遵守的更大的真理——逻各斯——时，真相才会显现。现代物理学中有一个重要的科学原理也是逻各斯的一部分，即海森堡不确定性原理。它将帮助我们在量子理论的语境中理解赫拉克利特的变化学说。

不确定性原理

量子理论中最重要也最令人惊愕的定律——量子理论的核心与灵魂——就是海森堡不确定性原理。该原理论述了大自然如何限制了人们进行精确测量的能力，无论我们多么聪明，多么有耐心，也无论我们的实验仪器有多么复杂、精密，这一点都无法改变。也就是说，在观测行为本身中，观测者总会以某种最微末的方式干扰被观测对象，从而导致测量结果不确定。我们可以非常准确地测量一个大质量物体的位置和速度，比如汽车或行星，但并不会明显地干扰到它。我们可以观测它的运动，甚至预测其运动轨迹。但如果现在有一个小质量物体，比如一个微小的粒子——电子、质子、原子乃至分子——我们就无法准确测量它的位置和速度，也无法观察或预测它的运动轨迹。量子理论只能描述（比方说）一个电子可能在哪里，而不能描述它过去、现在或将来在哪里。在不确定性原理问世之前，人们还认为在测量中达到绝对精确至少在理论上是理所当然的，但如今已然不是了。

假设我们想要观察一个电子，希望“看到”它在哪里，并确定它移动的速度有多快。要做到这一点，作为观察者的我们就必须用一定波长（“颜色”）的光照射它——从它身上反弹出一个光子。这种被电子散射出的光（光子）将进入我们的显微镜，并被聚焦，从而被我们的眼睛看到。实际上，我们在一次观测行为中实际看到的是散射光子。现在，为了说明观察本身如何造成测量产生不确定性，我们分两步来讨论这一行为。第一步讨论当光照射到电子上时，即光子与电子碰撞时，电子会出现什么情况；第二步讨论通过显微镜可以看到的（被聚焦的）电子有多清楚。正是这两个步骤的效果结合到一起，产生了著名的不确定性原理。

第一步：碰撞

光子与电子的碰撞会导致反弹的光子将其部分能量（和动量）传递给电子并干扰电子（这很像一个台球撞到另一个台球时也会扰乱后者的运动）。但没有定律可以确定光子赋予电子的能量值是多少。因此，光子会不可预测地推进、干扰并改变电子的速度。这意味着电子可能会产生一系列反冲速度，因此它的速度无法被精确地知道——它的速度存在不确定性。另一方面，从汽车或行星上反弹的光子对汽车或行星所造成的干扰就小得难以察觉了，因为与电子相比，汽车或行星的质量是巨大的。试想一下，与推动一辆不太重的玩具车相比，任何人想要推动和干扰一辆很重的真车会有多难。汽车或行星的速度和位置几乎可以被绝对精确地测量。事实上，这也是（牛顿、麦克斯韦、爱因斯坦的）经典物理学（不确定性原理不在其中）适用于宏观物体的另一个原因。

我们可以用一种能量较小的光子来减少电子速度的不

确定性，这样它对电子的推力就会更温和。而光子的能量与其波长成反比：能量越小，波长越长（颜色“越红”），这一关系将我们带到了第二步。遗憾的是，虽然波长较长的光子能量较小，这减少了电子速度的不确定性，但同时也增加了电子位置的不确定性——电子呈现出的影像会变得更加模糊。这是为什么呢？

第二步：显微镜

因为电子位置的测定取决于波长。这种相关性，也就是显微镜的分辨力，决定了被观测对象的清晰度，即（电子）散射的光能够被聚焦的程度，从而决定了电子的位置能够被精确地确认到何种程度。采用的波长越长，电子的影像就越模糊，其位置的不确定性也就越大。我们通过显微镜看到的，实际上是由电子散射的光子产生的模糊闪光。电子是一个点粒子（point particle）[①]，它就在这闪光中的某个地方，但到底在哪里不能确定，它的位置无法被精确知晓。

① 点粒子是一种抽象的粒子模型（类似于质点），是不能再分解为任何组成部分的粒子。它有自己的极限半径，可以有质量和电荷，但没有体积。

闪光可以被聚焦到一个不小于光波长的区域［分辨力状态定律（law of the resolving power states）］。故而电子位置的不确定范围可以等于或大于光波长，但绝不能小于它！因此，最小的不确定范围充其量也就等于波长——我们无法放大比我们用来观察物体的光波长更小的区域。由于位置不能确定，电子就有了一系列可能的位置可以占据，就像它有一系列可能的反冲速度一样。

鉴于零波长的光不存在——或者说如果关闭光源，我们就无法再观测了——电子位置的不确定性就永远不可能为零。我们无法**绝对**精确地看到电子在哪里。尽管如此，我们还是可以使用波长更短的光来削弱电子位置的不确定性，不过很遗憾，这一行为同时也会增加电子速度的不确定性——就像我们在第一步中看到的，光的波长越短，传递给电子的光能和干扰就越大（即可能的反冲速度区间越大）。

位置-速度不确定性

观测中使用的光的波长在选择时需要权衡，因为波长对确定粒子的位置和速度会产生相互冲突的影响。其结果就是位置-速度不确定性原理（position-velocity uncertainty principle）：位置越精确，速度就越不确定；反之亦然。[7] 海森堡在数学上证明了这两个不确定性的乘积永远不能小于某个最小的正数，它大致等于一个自然的基本常数——普朗克常数（Planck constant）除以粒子的质量。[8] 因此，**绝对**精确地知道这两种性质中的任何一种都是不可能做到的，因为如果其中一个不确定性为零，它们的乘积也将为零，这一结果显然违背了该原理。另一方面，在不包括不确定性原理的经典物理学中，这些不确定性都可以为零——因此至少在原则上，粒子的位置和速度都可以被精确确定——这就导向了所谓经典决定论，它与量子非决定论（即量子概率论）相反，后者是不确定性原理的结果。

经典决定论 vs. 量子概率论

在经典物理学的宏观世界中，通过了解作用于物体上的力以及物体在某个初始时间的准确位置和速度，我们就可以确定它在过去和未来的任何时间的准确位置和速度（轨迹）。因此，物体的运动是可以精准确定的：从最初的瞬间到未来的任一时刻，我们都可以逐点连续地绘制出一条路径，甚至实时观看它的运动。这种能力让人们认为经典物理学是以决定论为基础的。例如，只要知道作用于航天飞机的力与航天飞机的初始状况（它在某个初始时刻的位置和速度），我们就可以绘制出航天飞机的精确轨道，也可以看到它如我们的方程所预测的那样穿行于空间和时间之中。因此，我们很容易预测日食，即地球、新月和太阳排成一列时的情况，但绝对做不到测量或预测原子中的电子曾经、现在或将来在何处。这又是为什么呢？

根据量子理论，粒子的亚原子世界与我们的日常经验截然不同，它不是经典物理学所能描述的。不确定性原理限制了测量的准确性，而内在于其中的是，粒子的属性（如位置、速度、动量和能量）无论在最初还是在此后的任何时候都无法确定一个精确的值。所以它们必然只能用概率来表示，量子非决定论由此而生。波函数是所谓薛定谔方程的解，可以用来计算这种量子概率——比如在某个特定的瞬间和特定的位置发现一个粒子的概率。概率是一个代表事件发生的趋势（可能性）的数字，而不是实际发生的事件（现实性）。因此，我们充其量只能在理论上预测可能的结果，并在实验中测量实际发生的一个结果。即便如此，我们的实验认知也会受到不确定性原理的限制。故而粒子的运动轨迹既无法预测（或绘制），也无法观测。它是不可确定的：想确定一条明确的、可追踪的、逐点的轨道是不可能的。事实上，“轨道”这一概念在量子理论中就是不被接受的。那些微小的粒子从何处来，到何处去，人们永远无法知道。于是，经典物理学的决定论被量子理论的概率论取代了。这一事实的后果是惊人的（甚至影响到了人们的自由意志，见“或许，是命运的安排”一章）。例如，自然的真实本质与它仅仅通过人的观察而表现出来的（连续的）模样不同（“不连续的”）。

观测是不连续的事件

在观测活动中，我们通过显微镜所看到的只是粒子所在的某处的一道闪光。但它在这闪光中的每个瞬间的确切位置，以及当我们观测它时它在干什么，是静止还是在运动，这些都无法确定。更糟糕的是，大自然不允许我们知道在连续观测的间隙发生了什么。连续的观测有时间和空间的间隔，闪光是被逐个看到的，并且在空间上分离。因此有一点是内在于不确定性原理之中的，即在微观和宏观世界中的任何观测，始终都是不连续的事件！粗略地说，就像人们通过不停地眨眼来观察自然——我们的观察是点状的、间歇性的、量子的！

这是一个意义深远的结果，它与人们观察到的表观现实——日常现象的变化是连续的——直接矛盾。举个例子，观察一支飞行中的箭（到“自然的悖论”一章再详述与此有关的有趣思想实验）其实是一系列不连续的观察，这些观察对于人类不完美的眼睛来说，看起来是连续发生的，这是因为相继的观察之间的时间和空间的间隔短得让人无法察觉。所以，这支箭的运动看起来是连续性的只是一种错觉。顺便一提，这些间隔如此短是因为在观测中，从汽车或箭头等宏观物体上弹出的光子所造成的干扰小得无法检测，因为这些物体的质量（惯性）要比电子和质子等微观物体的质量大得多。回想一下，这也是宏观物体有（实际上是看起来有）明确的轨道而微观物体没有的原因。

因此，对任何事物的观测都只能是间断性的，无一例外。粗略地说，这就像制作电影（动态图片）一样，电影就是一系列单独的图片，比如分别处在不同位置的一个球，在我们面前相继地闪现（时间间隔很短）。现在，（1）如果这个球的位置在随后的每一张图片中**逐渐**改变，也就是球的每个新位置与之前的位置之间的距离（空间间隔）足够短，那么当这些图片闪现时，我们就会观察到球在连续地运动（因此它拥有一条确定的轨道）。但这种观察的连续性其实是一种感官上的欺骗，是一种错觉，是因为感官没有注意到那些短暂的间隔。情况（1）更符合我们观察宏观对象的状况。另一方面，（2）如果空间间隔足够长，那么，当这些图片闪现时，我们就可以观察到球在不连续地移动。情况（2）更符合我们观察微观粒子的状况。但必须先作两处修正：第一，不要把这个球想象成实际的粒子，不如说它基本符合被观测的粒子所在之处的闪光（波长）；第二，就像我们稍后在“自然是过程”一节中所讨论的那样，就算我们在连续观测中确实观察到相似**类型**的粒子（比如电子），也无法确定它是不是同一个**粒子**（电子），即便观察之间的时间和空间间隔很短。这两项修正更准确地刻画了我们观测微观粒子的状况，使得我们根本不可能绘制出任何微观粒子的明确运动路径。

如此一来，观测到的现象之所以会不连续地发生，很可能是因为现象**本身**在不连续地发生（即使在我们没有观测的时候）。它们可能不只**在观测中**不连续地发生。无论如何，观测的不连续性都会产生惊人的后果：在“自然是过程”一节中，我们将用它来拷问粒子的同一性；在“自然的悖论”一章，我们还将用它来拷问运动**本身**的真实性。但要理解这些后果，我们必须先换个话题。

变化

赫拉克利特的学说认为，万物都在不断变化，而且没有什么会是永远相同的。这当中有3层含义。第一，存在变化；第二，变化是永恒的；第三，因为没有什么会是一样的，所以永恒的变化是单向的①。（这就是我们学习微积分这种有关变化的数学的原因。）现代物理学同意以下3点：第一，变化会以两种不同的方式出现，即（1）运动；（2）物质与能量的转化。第二，量子理论的不确定性原理和广义相对论肯定了变化是永恒的。[9]而且如前所述，量子理论还

① 单向的变化是指变化不可逆。

确定了变化是不连续的。第三，热力学第二定律论述了变化为何是单向的——宇宙在变得越来越无序。

(1) 运动引发变化

我们就以下3种情况来讨论由运动引起的变化。

A.物质粒子的运动使得它们在物体内部重新排列，从而引发其各种性质（如密度和温度）发生改变。例如，原子在密度较高的物体中被压缩得更紧密，在温度较高的物体中震动得更快。

B.空间本身在变化，因为物质使其发生扭曲。若在广义相对论的语境下描述引力的作用方式，我们就可以理解这一现象。

在广义相对论中，引力是通过赋予空间几何属性来解释的，也就是将空间视为一种被物质扭曲的柔性介质——就像蹦床的表面被上面静止的或移动的保龄球拉伸和扭曲一样。以地球和太阳为例，其中一个天体导致的空间扭曲影响了另一个天体的运动，另一个天体就会产生引力感。

打个简单的比方，把保龄球（代表太阳）放置在有弹性织物的蹦床上时，织物（代表空间）会发生弯曲。织物弯曲的几何形状取决于：(1）保龄球的质量；(2）它与保龄球的距离。两者的关系是：(1)保龄球质量越大，织物(空间)就变得越弯曲；(2）离保龄球越近，织物（区域）的曲率越大[①]。而扭曲的织物继而又会影响一个在上面滚动的小弹珠（代表地球）的运动。根据我们一开始滚动弹珠的方式（即它的初始速度和方向，以及从哪个位置开始运动），弹珠将沿着特定的路径（圆形、椭圆形、抛物线、螺旋状或笔直的路径等）在扭曲的织物上移动，**看起来像**受到了保龄球的吸引。比如，从静止状态释放的弹珠在由保龄球造成的扭曲织物上移动并向保龄球滑落，这就像苹果穿过了由地面造成的扭曲空间，由此从树上掉落到地面上一样。牛顿认为，苹果受到了地面的吸引——尽管他并不知道苹果**为何**会知道地面在自己的下方，而自己会朝向它掉落。但爱因斯坦想明白了这一点，因为他重新构想了引力：就像弹珠被蹦床的弯曲织物推动并**看起来像**被保龄球吸引了一样，苹果也被时空的弯曲结构——时空的曲率或几何形状——推动并**看起来像**受到了地面的吸引。引力就是时空的几何形状。

① 曲率（curvature）越大，表示曲线的弯曲程度越大。

在蹦床这一类比中，扭曲的织物**就是**引力。保龄球的质量越大，或者离保龄球越近，引力（扭曲的时空）就变得越强。

在地球和太阳的例子中，太阳扭曲了自己周围的空间结构（时间也是如此，一个人越靠近太阳或任何其他物体，时间的流逝就会变得更慢）。这种扭曲以光速传播，抵达地球并影响地球的运动——类似于水的扰动，水波也会在海洋中传播，但速度要慢得多。相应地，地球穿过扭曲的空间，仿佛空间在推动着地球穿过它一样。当然，地球也会扭曲自己周围的空间（尽管因为自身的质量较小，所产生的扭曲也比太阳的弱得多），月球、行星、恒星和星系也是如此。引力实际上是时空的变形、弯曲、涟漪、颠簸、凹陷，以及一切扭曲（不断变化的几何形状）。每个天体的运动实际上都是对周围所有其他天体造成的空间扭曲的反应。由于这些天体在宇宙中不断运动，它们所产生的空间扭曲的样式（几何形状）也在不断流变，所以说物质的运动导致了空间几何形状的变化。在蹦床的类比中，当保龄球滚动时，它会将蹦床表面的扭曲传递到不同的位置。由于空间和时间都被物质扭曲，广义相对论中的时空就变成了一个四维的可塑（可扭曲）的连续体。反过来，时空扭曲，也就是我们常说的引力，又会影响物质的运动。

C.除了持续的扭曲，根据大爆炸宇宙学，整个空间还在膨胀，并且裹挟着所有星系，导致它们相互远离。运动由此又产生了变化。在这种情况下，运动是空间膨胀的结果，这种现象被称为宇宙膨胀。广义相对论方程于1916年发表，此后不久，该方程的解首次从理论上预测了这一现象。后来，天文学家哈勃（Edwin Hubble，1889—1953）通过实验证实了这一点，他在1929年观察到遥远星系发出的光发生了红移（redshift）。红移是测量星系和地球之间相对速度的一个指标。具体来说，这意味着遥远的星系正在迅速地远离我们。哈勃发现，星系距我们越远，它们退行的速度就越快，这一结果便是哈勃定律。该定律被纳入了大爆炸模型。

星系在向外移动到先前存在的空间之中，这是对膨胀现象的一个常见误解，事实上，星系并没有这样移动，但它们正相对于彼此移动，因为正在膨胀（拉伸）的空间本身在裹挟着它们。结果就是，宇宙的尺寸正随着时间的推移而增加。此外，星系的退行并没有使地球成为宇宙的中心，也没有让地球在任何方面成为比其他任何地方更特殊的所在。恰恰相反，因为宇宙是各向同性的，所以从宇宙中的任何位置看，膨胀都是一样的。我们可以打一个经典的比方，想象一下正在充气的气球，它表面上的任何一个点（即星系）从其他任何点的角度来看都在后退，因为这个膨胀的薄膜（即空间）本身携带着所有的点。鉴于观察到的星系正在彼此远离，宇宙又正在膨胀，那么，在过去它们肯定更接近彼此，宇宙以前肯定要小得多——想象一下气球泄气的过程便可理解了。在极端的情况下，整个宇宙（所有的星系，所有的物质、能量、空间乃至时间）都可以被想象成一个点，宇宙的爆炸就是大爆炸模型的前提。这样的一个点状宇宙是否真的存在仍只是一个假设，它为什么会爆炸也依然令人费解。然而，正如大爆炸理论所描述的那样，我们知道宇宙在爆炸时必定非常非常小（即使不是点状的），而且它一直在不断膨胀（拉伸），因而它始终在变化。

(2) 转化引发变化

物质和能量的转化也会通过两类过程引发物体（或整个宇宙）的各种性质发生改变。首先是各种能量粒子反复转化为物质粒子，即物质化（materializing）和非物质化（dematerializing）；其次是一种物质粒子转化成另一种物质粒子。举个前者的例子，不可见的伽马射线的能量物质化为电子-正电子对，或者电子-正电子对非物质化为伽马射线的能量；后者的例子是，两个质子转化为一个质子-中子原子核（一种重氢，称为氘）、一个正电子和一个难以捉摸的中微子（这些都是恒星中的常见反应，恒星的光给它们提供了能量）。当然，更日常的物质和能量的转化也会引发变化，比如从固体变为液体（冰的融化），或从液体变为气体（水的蒸发）。

但事物不只是发生了变化，它们是在**不断**变化，这是根据不确定性原理所得出的一个结论。

变化是永恒的

为了不违背不确定性原理，自然界中的运动本质上必须是永恒的。如果一个粒子可以静止不动，意味着它的速度正好为零，那么它速度的不确定性也就为零。因此，位置和速度不确定性的乘积也将为零，这一结果违背了海森堡不确定性原理。只有当运动是永恒的，这一原理才成立。粒子永远不能静止。这一结果也得到了热力学第三定律的支持，该定律指出，绝对零度——物质中的每个粒子都保持不动的最低温度——是无法达到的（温度是衡量粒子平均运动能量的一个指标）。既然粒子的运动是永恒的，那么变化也将是永恒的。顺便一提，由于运动是永恒的，当物质粒子和能量粒子之间的转化引发变化时，运动也始终牵涉其中。

宇宙自大爆炸以来一直在膨胀，这也支持了“恒变”理论。不止如此，时空连续体在微观尺度上不断波动，就像汹涌的海洋——空间的扭曲正在剧烈变化——这是人们试图协调广义相对论和量子理论的不确定性原理所得出的结论。

变化是单向的

变化不仅是永恒的，还是单向的，这意味着万物都不会永远相同。“你不可能两次踏入同一条河流。”[10]赫拉克利特将自然界中不断发生的单向变化比作河流中不断变化的水。如果一条河流在某个时刻的状态与另一个时刻的状态相同，那么一个人就有可能两次踏入同一条河流。但这是不可能的，没有什么会永远相同。实际上，人无法两次踏入同一条河流不仅因为一条河流的水始终在变化，还因为人的身体也在不断改变。顺便一提，我们认为自己一生中都是同一个人，但我一直在想，过去的那个10岁的我发生了什么？现在的我显然（身体上）不一样了，但我还是原来（本质上）的我吗？我们将在“不变的宇宙”一章看到，爱因斯坦声称，“我”存在的每一个时刻（在某种意义上）仍然存在，这种超现实的说法得到了巴门尼德大胆逻辑的支持！

根据热力学第二定律，净熵值——宇宙中的无序程度（随机性）——始终在增加。我们可以把宇宙想象成一个拼图。无序的排列比有序的排列更多（而且完美的画面只有一幅）。如果我把那些碎片扔到地上，形成杂乱无章的图案的概率要远远高于形成完美画面的概率。拼图的碎片越多，形成杂乱无章的图案的概率就越高。和拼图一样，宇宙的无序构型也比有序构型要多得多，所以，随着时间的流逝，宇宙的熵自然会增加。因此，自然处于一种变化的状态，但这是一种无序的变化。

确实，万物在不断变化，没有什么会一成不变！赫拉克利特的变化学说包含了一切事物，甚至是那些看似不变的，比如一块明显静止的岩石或人体。事实上，就连通过遗传和变异而逐渐进行的生物演化——更复杂的生命形式不是自发产生的，而是通过演化，从更简单的生命形式演变而来的——也是赫拉克利特的恒变理论预料之中的结果。

自然是过程

赫拉克利特的视角

赫拉克利特的宇宙恒变理论带来了一种深远的影响，那就是人们认为自然是一个由事件构成的过程。因为“事物”的概念并不符合恒变理论，为了能够被谈论和定义，事物必须至少在一段时间内保持绝对同一。它必须具有某种永久性，而且必须是可识别的。然而，同一和不变的概念都有悖于**恒**变理论。因此，更恰当的做法是，把一件事物（thing）视为一桩事件（event，某一时刻在某处发生的某事），而不是把它看作永恒的东西。如此一来，变化的就不是什么物质性的或一开始就永恒的东西；变化的是事件。事件的集合构成了过程，这些过程又使自然成为终极的过程。

量子理论的视角

这种观念得到了量子理论的支持。我们主张最好将微观粒子理解为事件，而非永恒的事物。

此前我们已经了解了，由于不确定性原理，我们观测的都是独立的事件。那么，如果没有观测的连续性，也没有能力保持对粒子的连续观测（哪怕只是最短暂的时间），我们要如何确认粒子的同一性或永久性呢？观测期之间（和观测期内）是存在时间（和空间）间隔的，在间隔中我们无法看到一个粒子的动向，那我们要如何确定在位置A观测到的电子是不是从位置B移动过去的，或者它到底是不是我们在位置B观测到的同一个电子，无论它们有多么接近？我们做不到！因为观测的是独立的事件，所以在对同一粒子——如电子，这种粒子具有相同的固有性质，比如电荷、自旋、静止质量[①]——的连续观测中，实际观测到的可能是同一类别的两个不同的粒子（比如两个不同的电子），而不是已经持续存在了一段时间的同一个粒子（比如同一个电子）。因此，我们永远不可能确定对两个相同的粒子的观测实际上是不是对同一个粒子的观测，也不能确定一个粒子是否在一段时间内持续存在。

① 即物体除通过运动获得的额外质量外的质量。

基于此，如果没有持续观测一个粒子的能力，就不可能通过实验来确认它的同一性或永久性。正因如此，“一个粒子是可识别的个体和永久**事物**”的观念被打破了（或者至少可以说这是一种模糊的观念）。而另一个选择是将一个粒子视为一个事件。

广义相对论的视角

从广义相对论的视角来看，粒子可以持续存在，直至转化为能量。在此之前，它们是可以被识别的永久实体，因为广义相对论还没有与不确定性原理相协调。不过，粒子在广义相对论中也是事件。之所以这么说，是因为物质与时空的结构错综复杂地联系在一起（它们不断地相互影响）。因此，随着时间的不断变化，空间和物质的属性通常也在变化，时空连续体中的一个点就可被视为一个事件。同样地，在某一时刻占据一个空间位置的一个粒子也可被视为一个事件。两个事件因它们的时空间隔而分开，间隔包括空间距离和时间间隔。

总之，物质、能量、空间和时间都是紧密相连的，它们不断地相互作用，引发了不断变化的事件和过程。自然是完美的过程，因此它处于一种正在形成的状态。一切从来都不是永恒不变的。然而，在赫拉克利特的理论和现代物理学中，是什么引起了变化呢？

火与能量

永久的基本物质实体与恒变理论相矛盾。在恒变理论中，唯一永恒的要素就是变化本身。那么，引起变化的究竟是什么？对于赫拉克利特来说，是“永恒之火”[11]；对于现代物理学来说，是永恒的能量。在两者看来，对立面的冲突或物质的相互作用分别由火和能量推动。物质，亦即我们所表明的事件，是火或能量转化的结果。火和能量也代表特定的过程，它们会引发冷却和凝结，或变热和稀薄，或形成和消融。“火［能量］的转化首先是海［液体］；海的一半转化成土［固体］，一半转化成旋风［气体］。”[12]与遵循守恒定律的能量一样，火的转化也是适度发生的，因为赫拉克利特曾用一个隐喻指出：“万物都是由火交换而来的［物质是能量的一种转化］，火也是由万物交换而来的［能量也是物质的一种转化］，就好比用货物换黄金和用黄金换货物［一种物质反复转化为另一种物质或能量］。”[13]他还写道：“这个世界对于所有人来说都一样，它不是由神或人创造的，但它曾经、现在、将来都是一团永恒之火［能量］，适度地燃烧［守恒］，并适度地熄灭［遵循能量守恒定律，在其各种形式之间来回转化］。”[14]在这两种理论中，由火和能量引发的变化始终会出现，这是必然，因为火和能量是守恒的，也是可变的。从这些特性上来看，火和能量似乎都有资格成为各自理论中的宇宙基本实体。正如波普尔所言，如果世界是我们的家，那么对于赫拉克利特来说，火并不在房子**里**，而是“**房子**［**本身**］着火了”“这一主张看起来紧急得多”。[15]相应地，我们可以主张世界就是能量。

赫拉克利特关于火和能量之间的相似性的主张让海森堡着了迷，他写道：“现代物理学在某种程度上极其接近赫拉克利特的学说。如果我们用‘能量’替代‘火’这个词，那几乎可以从我们现代的视角逐字逐句地重申他的主张。”[16]而且，“能量实际上就是运动的东西，它可以被称为一切变化的根本原因，能量可以转化为物质、热或光。赫拉克利特哲学中的对立面之间的冲突也可以在两种不同形式的能量之间的冲突中被发现。”[17]

组织

万物都在不断变化，定义一个永久性的物质基本粒子也是不可能的，尽管如此，某些东西必须持续存在，至少要持续一段时间。因为在所有的恒变之中，仍然存在可被定义的“事物”，比如河流和我们。河流与我们不同，一条河流（或一个人）与另一条河流（或另一个人）也不同。所以我们和河流都在不断变化，但同时，我们和河流也是可以被识别的。赫拉克利特曾说：“我们踏入的是同一条河流，又不是同一条河流；我们是同一个人，又不是同一个人。”[18]可这怎么可能呢？

在不断变化的自然界中（最好从“事件”的角度来看待自然界），每个事件都是不同的。但事件的**集合**可以通过创造某种宏观的平均值（一种涌现①的现实）而持续存在，在一段时间内，这就是一个可识别的“组织”[19]，事物可以识

① 当一个实体具有其所有组成部分本身没有的属性时，就称为涌现（emergent）。这些属性或行为只有当各个部分在一个更广泛的整体中相互作用时才会涌现。例如，当一辆自行车和骑手互动时就产生了平稳的向前运动，但是这两个部分都不能独自产生这种运动。

别的杂多就可以被视为不同的组织。

“我们踏入的是同一条河流……我们是同一个人……”，从这一部分的说法中能看出，赫拉克利特将“我们”与“河流”视作两个可以识别的组织，因而它们可以作为两个不同的、永恒的事物——至少在一段时间和某个空间区域内是这样。而在“又不是同一条河流……又不是同一个人”这个部分，他似乎暗示了虽然“我们”和“河流”看起来是永恒的事物，但这只是平均而言。在现实中，“我们”和“河流”从来都不是永恒不变的。

赫拉克利特意识到，平均来说，虽然一个事物（一个组织）在一段时间内可以被识别，但严格地说，这个事物在每一个瞬间都是不一样的。因此，尽管有一系列事件可以产生一个可以识别的组织，称为河流，在某个时间段内，它在某些区域平均而言保持不变，但这条河流也绝不会真的完全相同。在赫拉克利特看来，逻各斯（变化的原因、自然法则）是唯一真正永恒的东西。不过若要真正严格地解释，持续变化的自然中没有任何东西是一成不变的，甚至逻各斯也应该在变化。现代物理学中与之对应的假设是，自然的基本常数，即描述我们掌握的各种定律的数字，以及宇宙之所以是现在的样子的原因（比如光速、普朗克常数或引力常数），可能最后都是空间和时间的函数。如果这是真的，那么明天（尤其是从长远来看），自然的秩序和组织将在不知不觉间与今天不同，以至于对那些喜欢不断探索和发现、热爱旅程而非目的地的探索者来说，这是一种真正的智识之乐，因为在这种情况下，自然本质的奥秘将永远在变化，我们对奥秘的认知也在变化。

结论

赫拉克利特宣称有存在（是者、自然），但认为它是一个变化的过程。万物都由变化而来。万物在不断变化，物质上的同一是不可能的，杂多的不同事件构成了自然，使自然成为一个过程，并由相互冲突但仍然遵循逻各斯的对立面来描述。但巴门尼德宣称只有“**存在**”，只有是者，没有不是者。一切都“遵循”一点：改变在逻辑上是不可能的，因此是者就是唯一且不可改变的！这种让人眼前一亮的、大胆的绝对一元论，与感官知觉存在巨大的分歧。而有趣的是，天才爱因斯坦成了该理论的支持者。

由此可见，赫拉克利特和巴门尼德的世界观形成了二律背反[①]（矛盾），这两位哲学家从存在出发，发展出了一系列独特的逻辑论证，并得出了相反的结论：对于赫拉克利特来说，存在即变化；但对于巴门尼德来说，存在就是存在。这是赫拉克利特的变化和多样性，与巴门尼德的恒定和统一的对抗。但后者的恒定和统一是有争议的，因为存在确切的本质是不确定的。

① 二律背反（antinomies）由德国古典哲学家康德提出，是指两个各自依据普遍承认的原则建立起来的公认命题之间的矛盾。

Ω 不变的宇宙 ∞

导语

爱利亚的巴门尼德（约前515—前445）的逻辑给哲学带来了巨大冲击。作为第一位本体论的哲学家，巴门尼德质疑了存在的本质，并思考了几个最根本的问题——事物如何能存在？确实存在的事物有何属性？——由此开创了自己的“一元论”哲学。通过纯粹的理性论证，巴门尼德神奇地推断出了一个答案，而该答案彻底颠覆了人们对周遭世界的普遍看法！特别是他还问道，怎么会存在“事物”而不是“虚无”？人们说的“有事物存在”是什么意思？存在（自然）能从虚无中产生吗？有没有虚无这回事？自然是由一个主因造成的吗？——或者说是由一个本身不允许有原因（无需解释）的绝对第一因造成的吗？自然有没有一个不允许它有自身目的的终极目的？自然的本质又是什么？他那些深刻而抽象的遗思可以在现代宇宙学模型之中找到，这些模型描述了一个不可分割的整体宇宙，它不是诞生出来的，而是永恒的、不朽的乃至不变的。

天衣无缝的逻辑

首先，巴门尼德认为，人只能思考存在的事物——**存在**（Being），“因为思维和存在是同一的”[1]。（笛卡尔的名言“我思故我在”就是对巴门尼德的变相引用。）其次，巴门尼德认为，人既不能谈论也无法思考不存在的事物（Not-Being，**非存在**）。因为如果人能做到这一点，那就意味着非存在具有属性（关于它的谈论或思考中所涉及的属性）。但真正的虚无是无属性的。因此，虚无（非存在）这一概念不可能存在！这实际上是巴门尼德理论的重要前提。为了理解他的论点，我们必须始终记住一点，对于他来说，不存在的东西无论何时何地都不存在，也就是说，我们不能假设现在（或在这里）不存在的东西能在以后（或在那里）存在，也不可能在以前的某处存在。这些都不行！唯有是者是——唯有**存在**存在。不是者不是——**非存在**不存在。

有了这一前提，他开始思考变化在逻辑上是否可能。他坚称，变化需要虚无的概念存在。但既然虚无的概念不可能存在，那么变化也就不可能了；存在是不能变化的——因为它如果可以变化，就会变成某种存在尚未是的东西，某种尚未存在的事物，从而变成非存在，但这不可能，因为非存在在何时何地都不存在。同理，它如果可以变化，将不再是它曾经的样子，因此曾经存在的事物（存在）将不再存在，它将成为非存在，但这也不可能，因为非存在不存在。换句话说，存在的事物（存在）无法变化，因为变化需要虚无（非存在）的概念存在。因为只有如此，存在才有可能成为它（非存在），并且可能再次变成它。简而言之，我们可以说变化是不可能的，因为它要求某种事物要么从无到有，要么被毁得一无所有，但既然虚无的概念不存在，变化也就不存在了。

存在与块状宇宙

按照现代物理学理论，宇宙是否在变化？爱因斯坦对自然有一种决定论式的信念，受他的狭义和广义相对论的鼓舞，他把宇宙设想成一个四维的“块体”（像面包一样的时空连续体[2]）。不同寻常的是，这个宇宙**始终**包含**所有**时刻（过去、现在和未来的所有时刻），宇宙的变化只是一种错觉。他说：“对于我们这些信念坚定的物理学家而言，过去、现在和未来之间的区别只是一种错觉，无论这种错觉持续多久。”[3]

具体可以将这解释成，存在的现在变成不存在的过去（用巴门尼德的逻辑来说就是，存在的现在——存在——可以变成不存在的过去——非存在）；尚不存在的未来变成现在（用巴门尼德的逻辑来说就是，尚不存在的未来——非存在——可以变成存在的现在——存在）。这种观念在牛顿力学和量子力学的宇宙中是正确的，但在巴门尼德的理论中是错误的（因为存在不能变成非存在，反之亦然）。事实上，它在爱因斯坦的块状宇宙（block-universe）中也是错误的，因为从相对论的角度来看，不仅空间中的所有位置始终存在，所有时刻也始终存在。空间和时间并不是独立存在的，不如说是它们共同编织了这个时空连续体（面包）的结构。由于**所有**时刻**始终**存在于这个连续体中，它们既不会出现

（仿佛非存在变成了存在），也不会消失（仿佛存在变成了非存在）！巴门尼德可能**真的**会露出成功的笑容。但怎么会这样呢？

举一个具体的例子，根据相对论（它认为时间是**相对的**），相对于一个正在远离我的女性来说，我仍然是一个婴孩[4]——也就是说，我的过去是她现在的一部分，[5]我的现在将是她未来的一部分。然而，相对于一个向我走来的男性来说，我是我长大后将成为的更年长的人。也就是说，我的未来是他现在的一部分，而我的现在是他过去的一部分。总的来说，在过去、现在和未来，我生命中的每一个事件（时空点①），甚或更广泛的所有**事件**、时段（比如正在微笑的巴门尼德）都始终是这个时空连续体的一部分——作为存在而存在！或者**至少可以说**，每一个事件都是某人现在的一部分，因此它存在着——它就是存在！

所有空间和**所有**时间都**始终**存在，这一事实证明了**时空连续体**——即块状宇宙或面包式宇宙——这一术语的合

---

① 时空点（space-time point）是时间和空间组成的一个坐标系，用于描述宇宙中的物体和事件。

理性。在这样的宇宙里，**所有**面包屑（“事件”）**始终**在面包（时空连续体）之中。由于所有事件始终存在，相对论就符合巴门尼德的一个推论，即变化是一种错觉：事物或事件既不会出现（仿佛非存在变成了存在），也不会消失（仿佛存在变成了非存在）。是者是，不是者不是。在块状宇宙中，现在不会变成过去，未来也不会变成现在。恰恰相反，在块状宇宙中，过去不会消逝，它就是现在；而未来就和现在一样，也是现在。[6]在这个连续体中，时间不会流动，因为所有时间始终存在。“我［波普尔］试图说服他［爱因斯坦］放弃他的决定论观点，这一观点相当于认为世界是一个四维的巴门尼德式块状宇宙，在这个宇宙里，变化是人类的错觉，或几近错觉。（爱因斯坦同意这一直就是他的观点，在讨论该观点的时候，我都称呼他为‘巴门尼德’。）”[7]

有趣的是，块状宇宙的解释中确实存在多样性，因为每个时空点都是一个独特的事件，只不过没有变化。因为所有不同的事件全都一成不变地存在着。块状宇宙就像一幅画，它的所有点都不可改变地存在，但它们也都不同，并且共同形成了一个美丽多样的联合体——画布。顺便一提，对巴门尼德宇宙的一种解释可能也是这样的——一成不变，但多样。

非创造的

存在不是诞生出来的（它不是被创造出来的，即它不是由任何东西造成的，因此没有开端），而且是不朽的（它没有终点和最终目的）。它就是这样存在着！巴门尼德认为存在不可能诞生，因为如果可以，它将诞生于（a）非存在，但这不可能，因为非存在不存在；又或者诞生于（b）存在，这也不可能，因为如果某个事物已经存在，它就不能诞生。也就是说，事物不能诞生于其自身。同样地，存在也不会消亡，因为存在消亡就必然变为虚无，而虚无是不存在的。因此，是者（存在）是，它不会生于无，也不会消亡为无。多元论者恩培多克勒、阿那克萨戈拉和德谟克利特都接受了这个非凡的巴门尼德命题，我们将看到，他们都把该命题应用到了自己的理论之中。存在不是诞生出来的，它是不可改变的、不朽的，所以既不会出现，也不会消失——自然就是这样的存在！

永恒而无处不在的

存在还始终无处不在。无论何时何地，是者都必然已经是完整的（例如，数量、外观以及一般属性都相同）。因为如果某处或某时的存在不完整，或者它缺少什么，那就意味着在某处或某时，存在所缺少的东西不存在。这东西就将是非存在，但因为非存在并不存在，所以就永远不要指望存在会变成它。因此，存在在任何地方都始终是完整的。所以多样性和多元性只是感官的错觉。[8]存在也是静止的——因为它始终无处不在，并没有什么它不在的地方可供它移动。根据类似的论点可以推导出存在的各种属性。

一元性

自然的本质（存在）是最纯粹的一元性，自然只存在一样东西——存在。自然是一个不可分割的永恒整体，没有开端、不可改变，它是不朽的、连续的、不可摧毁的、有限且均匀一致的（在任何地方始终相同）。这是一种让人惊叹又带有挑衅的一元性，因为它在逻辑上是合理的（或者至少看起来是这样），却也大胆地背离了表观现实。一元性的确切含义取决于对存在的属性（是物质性的还是非物质性的）的理解方式（是字面意义上的还是隐喻的方式）。存在就是存在。此外的所有其他特征都是相当不确定且有争议的，因为什么**是**（什么存在）才是巴门尼德的**真正**问题。但无论存在的本质是什么，存在在古代自然哲学和现代物理学中都占据了一个极为重要的位置——一元性！

现代物理学也接受一元论和完整性的观点，因为它试图从根本上将四种基本力（引力、电磁力、强核力和弱核力）和所有粒子统一于一个单一的、包罗万象的原理之中。在该原理中只有一个统一的力，也只有一种基本粒子，这意味着在万物表面的多样性的背后，存在着不易察觉的联系和统一。因此，如果用隐喻的方式来解释存在的属性，可能存在就是对自然的一种唯一的、不可改变的、普遍的、永恒的、客观的真理（一种统一的力或万物理论的宏大构想）的隐喻。

另一方面，如果从字面意义上解释存在的属性，那么自然就是一个唯一的、不间断的、不可摧毁的、不可分割的、永恒的物质整体。它是一种完整（均匀）的、没有部分的坚固物质块。这样充实的自然意味着没有虚空（空的空间）。对于巴门尼德来说，虚空是非存在，是真正的虚无——它不存在。但有趣的是，如果没有虚空，就很难，甚至不可能证明运动和变化是真实的。因为理解运动和变化的最简单的方法就是想象存在一种空的空间，物体可以在其中运动。假设没有空的空间，运动和变化就都是错觉。原子论者留基伯和德谟克利特认为，这个结论极其荒谬，却有一定的启发性。为了开创他们的原子论并合理地解释运动和变化，他们不得不同时利用这两者：巴门尼德的存在概念——尤其是其物质性（坚固物质块）——和他的非存在概念。

原子与存在，虚空与非存在

在为巴门尼德的思想赋予了直白的、字面意义上的和物质性的含义之后，他的存在和非存在这一双对立的概念，在原子论者的头脑中就分别演变成“充实”[9]（原子）和“空无”[10]（虚空、空的空间）的对立概念，并成为他们原子论的精髓。顺便一提，人们在努力认识自然方面的知识传承是毋庸置疑的。如此一来，就有很多具有存在关键属性（即完整、不可分割、不可摧毁、坚固、没有组成部分）的原子（存在），以及很多空的空间（非存在），原子可以在这些空间中运动。有趣的是，尽管原子论者无法反驳巴门尼德否定非存在不存在的论点，但他们仍然将其看作一种**存在着的**虚无，即空的空间。但空的空间的概念自提出以来就一直伴随着争议。

没有什么能无中生有

对于巴门尼德来说，没有空的空间，因为它是虚无、非存在，而非存在是不存在的。什么都不是的东西怎么可能真的存在呢？巴门尼德思考着。当某些事物理应没有属性时，要如何定义它并为它赋予属性呢？他指出这不可能。我们甚至无法想象虚无，他推论道。虚无是一个没有意义的概念，因为如果虚无存在，它就不会真的是虚无，它将是某种存在。如果我们可以定义某物并赋予其属性，那么某物就不可能是虚无。它会是真实的、存在的东西。

巴门尼德想通过纯粹的逻辑论证来理解变化、运动和空的空间。尤其是对于空的空间，他认为并没有合适的逻辑论证能支持空的空间存在。空的空间是否真的是虚无，这一概念我们将在“物质原子与能量原子”一章再论。巴门尼德始终认为，空的空间真的什么都不是，如前所述，他还认为**没有什么**是从虚无中产生的——存在既不生于无（它不是从虚无中诞生的），也不会消亡为无（它是不朽的）。

实际上，这一原理在现代物理学中有一个对应的概念，即能量，其中也包含质量。对于相对论来说，质量和能量基本相同，$E=mc^2$也已证明。就像存在一样，能量既不能被创造（不是从虚无中诞生的），也不能被毁灭（不会消亡为无）。它就是存在，总量不可改变，而且会持续存在。例如，物质和反物质的粒子虽不断地被创造和湮灭，但并非从无到有，也不会消逝为无。要让这些过程发生，就需要一些已经存在的东西——能量。它们生于能量，然后被湮灭成能量。现代物理学中没有任何一种机制和巴门尼德的基本观点——某物既不能从无到有，也不能消逝为无——相悖。所有的相互作用都需要某种东西——能量（或物质，因为它们等价），但也需要空间和时间。事实上，在爱因斯坦的相对论中，虽然空间会收缩，时间会膨胀，但**时间**间隔和空间间隔的总和是不变的（即守恒的，就像物质-能量的总和一样）。即使在现代物理学中，不存在也是不可能的，量子理论的不确定性原理（见下一段）可以被视为支持这一点的又一项说明（除相对论之外的）。为什么要使用这些原理呢？因为这些原理就是空间、时间、物质和能量之间的关系，这些概念构成了自然（存在）的本质。如果我们希望“证明”虚无是不可能的，即虚无不是由事物衍生出来的，那我们最好先来分析那些描述事物本质的原理。

因此，为了证明这一点（即非存在或虚无是不可能的），我们首先要回顾一下位置-速度不确定性原理：粒子的位置不确定性和速度不确定性的乘积必定大于普朗克常数除以粒子质量的商——也就是说，这一乘积大于零。与之类似的还有时间-能量不确定性原理，它表明粒子能量的涨落与粒子持续的时间间隔的乘积必定大于普朗克常数——这一乘积也大于零。这些不确定性原理认定空间距离、时间间隔、速度和能量都绝对不能为零，亦即它们不能不存在。举个例子，粒子的限定空间越小（或粒子在这种限制下持续的时间间隔越短），其运动和能量就越疯狂。但限制的空间和时间间隔都绝不能恰好为零，因为如果为零，位置和时间的不确定性将为零，也就违背了这两个不确定性原理——位置和速度的不确定性的乘积以及粒子能量的涨落与粒子持续的时间间隔的乘积也将为零（而不是大于零）。同样地，如果一个粒子的速度或能量为零，也将违背这两个不确定性原理。这些原理只有在空间距离、时间间隔、速度和能量不为零的情况下才能成立。它们必须存在，它们不能是虚无！［在某种意义上，这一结果也是意料之中的，因为我们构想的物理关系、等式或不等式，从一开始就是为了描述**事物**（something），而非虚无（nothing）。虚无这一概念无法被描述。］因此，按照巴门尼德的推理及不确定性原理，虚无不仅不得存在——因为没有什么从它而生（比如，不确定性关系若被违背，它就不能用来解释存在的事物了）——同样深刻的是，存在是必需的，即空间距离、时间间隔、速度和能量必定非零（因为只有这样，描述某物的不确定性关系才成立）。

事实上，量子理论的一个基本原则就是，信息不会从宇宙中消失（回想一下“追寻万物理论”一章的“黑洞：探索同一性的挑战”这节）。用巴门尼德的话来说，这意味着是者（存在，信息已经存在）不会变成非存在（信息不会丢失）。

因此，量子理论（其实质是不确定性原理）与巴门尼德的哲学一致，“因为思维和存在是同一的”：我们只能思考存在的事物。换言之，不确定性原理只描述存在，而不允许虚无。有了这个想法，巴门尼德提出的大哉问“事物如何能存在？”现在或许可以这样回答：在现代物理学的语境中，事物（存在）肯定存在，因为非存在（虚无）是不可能的。[11] 不过科学仍然无法回答，**这个**宇宙为何会有**这些**定律，为什么不是其他种类的定律。这个暂且不提，存在者的本质又是什么？

一个不可分割的整体

相对论

存在是一个不可分割的整体，这一观点得到了爱因斯坦广义相对论的支持：因为**存在的一切**，空间、时间、物质和能量都不再像牛顿物理学所描述的那样相互独立了（也就是说它们不是绝对的），而是密切地交织在一起，不断地相互影响。“时间、空间和引力都不能独立于物质而存在。”[12] 时空是一个被物质扭曲的可塑的连续体。

没错，为了进行物理学的实际计算，我们会经常在头脑中孤立出一个有趣的现象，假定它与自然的其他部分分离（与整体分离）。例如，我们会忽略其他天体的引力效应，以研究太阳和地球之间的引力相互作用。但正如巴门尼德的哲学，现代物理学关乎的是一元性，而非孤立。在现实中，自然界的万物都是这个整体的一部分，它们之间的纠缠比相对论所能发现的要复杂得多。

量子纠缠

量子理论最令人着迷的一个发现就是量子纠缠现象。根据量子纠缠，没有完全孤立的粒子（或系统）。单个粒子与宇宙其他部分分离的观念是不准确的。相反，宇宙中的所有粒子都是一个统一整体的一部分。它们持续而**即时**地相互作用，影响并决定着彼此的表现，无论它们相距多远。量子理论认为，宇宙中发生的一切都会立即影响其他的一切。在这个意义上，宇宙确实是巴门尼德式的不可分割的整体。为了进一步解释这一概念，我们要借用以下思想实验。

为简单起见，假设一个母粒子起初可以是静止的，且自旋为零，后来它衰变成两个子粒子：A和B。为保持（线性和旋转）动量不变，子粒子必须彼此分离并向相反的方向自旋。1935年，爱因斯坦、鲍里斯·波多尔斯基（Boris Podolsky，1896—1966）和纳森·罗森（Nathan Rosen，1909—1995）通过这个思想实验（名为EPR实验，取自这三人姓氏的首字母）论证出，子粒子必须**从它们产生的那一刻起**就发生固定的自旋。为了保持旋转动量的守恒，一个子粒子必须顺时针自旋，另一个必须逆时针自旋。哪个粒子朝哪个方向自旋要通过测量来确定。因此，如果爱丽丝测量到粒子A在顺时针自旋，她就能确定粒子B在逆时针自旋，正如鲍勃的测量所证实的那样。爱因斯坦的观点实际上是经典物理学的决定论观点：粒子**在我们测量它之前**就已经有了固定的属性。

但根据量子理论，**只有在进行观测（测量）时**，粒子A和粒子B的自旋才会固定。在此之前，我们不仅不知道这两个粒子在如何自旋，而且更糟的情况是，与爱因斯坦的观点不同，这两个粒子的**自旋并不固定**。每个粒子都被假定为在**同时朝着两个方向**自旋，直到测量时才会迫使它们的自旋固定——这是一个怪异的概念，被称为量子理论的“哥本哈根解释”（Copenhagen interpretation）。[13]爱因斯坦认为这个解释不合逻辑，并试图反驳。薛定谔（量子理论的主要开创者之一）也是如此。为了描述粒子A和粒子B在测量前处于不确定自旋态这一假定的怪异性，他使用了一个比喻——著名的“薛定谔的猫”[①]。简单来说就是，他指出，根据哥本哈根解释，把猫、放射性原子和毒素放进一个密闭的不透明盒子里，放射性原子有一定概率衰变并促使毒素扩散。在进行实际观测之前，猫在同一时刻是既死又生的。也就是说，在观测之前，猫的存在状态是两种潜在结果的叠加，因为猫的状态取决于放射性原子的状态。根据哥本哈根解释，放射性原子本身处于两种量子概率的叠加态，即由衰变造成的状态（杀死猫）加上非衰变状态（保住猫）。只有在打开盒子并观察之后，观察者才能真正确定猫到底是死是活——当然，这一认知只有在观察的那一刻才是正确的，此前并不是。因此，在量子力学中，现实是主

① 这一思想实验是指，将一只猫关在装有少量镭和氰化物的密闭容器里。由于镭的衰变存在概率，如果镭衰变，会触发机关，打碎装有氰化物的瓶子，导致猫死亡；如果镭没有衰变，猫就会活着。根据量子力学，由于放射性的镭处于衰变和没有衰变两种状态的叠加，猫就理应处于既死又生的叠加态。这只既死又生的猫即所谓“薛定谔的猫”。

观的，它只有通过观察才会产生[14]——月球只有在我们看它的时候才存在；森林里倒下的树只有当我们在那儿，并听到的时候才会发出声音。根据哥本哈根解释，在观察之前，猫甚至不存在，但它的可能存在是用数学公式表达出来的，而且同时包含所有相反的性质，比如既死又生（或既在这儿又在那儿）。但按照经典物理学的说法，即便在打开盒子之前，猫也处于一种明确的存在状态：它要么死，要么活，而且只处在一个具体的位置。因此，对于经典物理学（伽利略、牛顿、爱因斯坦的理论）来说，现实是客观的——即使我们不看月球，月球也存在；即使没有人在那儿，树也会发出声音。（现实的本质是一个极具争议的问题，即使可以解决，也尚未解决，因为我们缺少一个万物理论。）

因此，按照量子理论的观点，每个粒子的自旋方向都是由测量行为本身而被固定下来的。例如，如果爱丽丝测量到粒子A在顺时针旋转，**那么粒子A的自旋在且仅在此时被固定下来**（爱因斯坦的观点与此相反，他认为粒子A自诞生以来就一直在顺时针自旋）；同样重要的是，**粒子B的自旋也在且仅在此时被固定下来**，而且是逆时针的（爱因斯坦的观点也与此相反，他认为粒子B自诞生以来一直在逆时针自旋)。一般来说，即使不直接测量粒子B，测量粒子A的某种属性也会立即强制粒子B具有某种固定属性。这其实就是量子纠缠现象，爱因斯坦认为这种观点很荒谬，因为在他看来，这意味着测量粒子A的自旋会**立即**影响并固定粒子B的自旋，哪怕这种测量是在粒子远隔数光年且横跨整个宇宙的情况下进行的。爱因斯坦的分析并不需要这种瞬时的“鬼魅般的超距作用”(爱因斯坦的戏称)，因为根据他的分析，粒子自诞生以来就很可能已经发生固定自旋了。这种瞬时的影响是如何存在的？爱因斯坦思考着。测量一个粒子的属性怎么会立即影响并固定另一个粒子早期不确定的属性呢？为什么在测量粒子A的自旋的那一刻，粒子A立即将其自旋方式传达给了粒子B，使粒子B可以反向自旋(以保持动量守恒)？这是一种奇怪的通信方式，它发生的速度比光速还要快，实际上就是瞬时发生的，这似乎违反了相对论的一个主要原则，即信息不能以高于光速的速度传输，因为这会违背因果律。这种怪异让爱因斯坦相信，量子理论并不是一个完备的自然理论，尽管它在技术上取得了巨大成功，包括如今的电脑、手机等。类似地，牛顿引力在绘制月球轨道或建造摩天大楼方面也非常有用，但其哲学本质实际上是不正确的。爱因斯坦认为，观察粒子A，并不会以任何方式影响粒子B，因为粒子B在空间上与粒子A是分离的。

然而，他错了。在一段时间内，这两种相互矛盾的观点一度被视为形而上学不可验证领域的一部分。但在1964年，物理学家约翰·贝尔（John Stewart Bell，1928—1990）找到了一种方法，可以将这两种观点转化为可用实验验证的计算（一个可以测量的**数字**），该方法即贝尔不等式（Bell's inequality）。[15]实验的结论判定爱因斯坦的观点是错的，并肯定了量子纠缠这种鬼魅般的超距作用的合理性！是的，测量粒子A的属性会立即影响粒子B的属性，无论它们相距多远。因此，一般来说，测量一个系统中的一个粒子的一个属性，实际上也测量了整个系统的属性——也包括我们这些观察者——或者说得再准确些，是整个宇宙的属性。宇宙确实是一个不可分割的纠缠整体。在哥本哈根解释中，观察者实际上也是他观察的事物的一部分——观察者和被观察者之间存在相互影响。然而在经典物理学中，观察者会被视为独立于被观察者的局外人——观察者和被观察者之间完全没有影响。因此，经典物理学对观察者的看法就像一个人在看电影——假如电影就是自然，那么观察者在观影时吃爆米花和喝汽水对电影情节（自然）并无影响。而量子理论对观察者的看法就好比观察者是影片中的某个角色——他的行动也是情节的**一部分**。

当然，宇宙万物之间的这种持续而瞬时的相互联系——或曰量子纠缠——不只存在于我们这些好奇的自然观察者在行使我们的“自由意志”（见“或许，是命运的安排”一章）并决定进行测量之时，它还是自然的一种内在属性。就像在测量行为中，观察者为了满足好奇心而有意使粒子相互作用一样——例如，将光子射向电子，以探知它们的位置和自旋方式——自然界中的粒子无论如何也都在不断地相互作用（无需我们有意地引发这种相互作用），就好像自然本身也在不断地自我测量（自我观察）。说到自我测量，现在我们又有了一个理由来强化先前的结论，即不仅观察到的现象在不连续地发生（作为观察行为的结果，如“不断变化的宇宙”一章所述），而且现象**本身**可能也在不连续地发生，即使我们没有观察，因为**自然在自我观察**。

整个宇宙都经历着量子纠缠现象。如果两个粒子最初有机会相互作用（如像同一母粒子衰变所产生的粒子A和B

一样变成纠缠态），那么即便后来分开，它们也会继续相互作用（保持纠缠态）。考虑到这一点，整个宇宙或许都可以被视为一个纠缠的整体（其中的一切都在与其他的一切发生着持续而即时的相互作用，一个完美的巴门尼德式整体）。根据大爆炸理论，整个宇宙最初的尺寸极小，可能只是一个点，其中的万物肯定都密切地相互作用，因此与其他万物相互纠缠，而且至今天仍在继续，即使万物之间已相距甚远。有了量子纠缠，毕达哥拉斯学派所预言的用数学描述的宇宙的相互联系现在也能以具体的形式展现出来了。

让我们来证明一下量子纠缠的合理性吧。回想一下波粒二象性（见“数与形”）。粒子既是粒子（定域实体），又是波（延伸实体）。粒子A存在的可能性可用一种波函数来表示，粒子B存在的可能性也是一样。虽然波函数的形态比较复杂，但它就像一条直线，贯穿着整个宇宙。由于这两个粒子——在波函数的意义上——同时存在于任何地方，它们在任何位置也都同时在一起。因此，它们始终纠缠在一起。

在总结本节的内容前，我想强调一点，正如相对论所表述的，信息的传播速度依然不可能超过光速。也就是说，虽然爱丽丝对粒子A的属性的测量立即影响了粒子B的属性，但信息——即爱丽丝对粒子A或B的属性的认知——并不能以高于光速的速度传给鲍勃。两人掌握的情况最多也只能以光速相互传递，比如用无线电信号。只有这样，爱丽丝和鲍勃才能验证由量子纠缠现象所导致的粒子A和B的属性之间明显的联系。在进行通信之前，鲍勃对粒子B自旋的测量结果在他看来就是随机的，正如量子概率定律所规定的那样，即使鲍勃在爱丽丝做完她的测量之后再进行自己的测量，结果也是一样的。

因此，就像运动、变化和日常经验的多元性所间接证实的那样——当然，它们是通过人类的理性思维探究的——宇宙确实是一个不可分割的整体。不过也有一种假设认为，这种普遍的统一性曾经确实是绝对的。

绝对的一元性

宇宙的巴门尼德式一元性、整体性和完备性的最佳范例可能出自宇宙学的大爆炸模型。该模型推测，所有的物质和能量、空间和时间、今日宇宙的绝对完整性，在大约138亿年前都包含在区区一个奇点之中。我们必须要强调的是，这个原点并不在宇宙之中，这个点就是宇宙，整个宇宙。它无限小、致热、致密，只包含一种粒子，遵循一条宏大的定律——绝对的一元性：没有位置或时间流动的概念，既不在这儿，也不在那儿；没有现在、过去，也没有未来。整个宇宙在“那时”（和“那里”）只是一个空间点和一个时间点，一个单一的时空点。

遗憾的是，我们目前的物理理论无法描述宇宙在这种假设的原始奇点状态下的属性，就算是描述个大概也做不到。在这个奇点上——当宇宙的大小和年龄都完全为零时——人类所有的物理方程都崩溃了，它们毫无意义。这种崩溃是否表明，宇宙的奇点状态实际上是不可能存在的，是一种非存在？若果真如此，宇宙可能曾经非常小，但不是点状的。但它是诞生出来的吗？

非诞生出来的与不朽的

巴门尼德说过，他的哲学世界观是一位女神给予他的启示，他还在自己的诗作《论自然》（*On Nature*）中描述了它。这首诗的主要部分是“真理之路”[16]（论述了他自己的哲学）与“意见之路”[17]（论述了其他哲学家的哲学）。与其说他的主要目标是创立一种独特的物理理论来解释特定的自然现象，不如说是开创一种旨在对存在本身进行逻辑解释的理论：事物如何能存在？事物就那样存在，他推论道，因为并没有虚无这种东西。自然不仅不是诞生出来的，它还是不朽的。存在的事物既不能从非存在中产生，也不能被毁灭为非存在。如果宇宙有一个开端，那就意味着它曾经不存在——因为如果它存在，就不会有开端。但如果宇宙曾经不存在，那它本应是非存在，也不可能有开端（因为存在不可能出自非存在）。因此，解释宇宙存在的唯一办法就是假定存在始终都不是诞生出来的，没有开端。

一方面，巴门尼德这种非诞生的自然观意味着自然不是由什么造成的，它没有一个主因；另一方面，相反的观点却认为，自然是由一个主因造成的。后者在某种意义上是反科学的，因为科学的前提是可以被理解，但主因是人们无法理解的——如果可以，我们就知道是什么造成了这个“主”因。如此一来，“主”因就不是真正的主因了。相反，至少乍一看，非诞生的自然似乎更符合科学前提，因为非诞生/非创生的事物的存在并不需要一个主因（解释）——因为它一直存在着。

也就是说，必须更加谨慎地审视非诞生（非创生，非创造）的自然的概念（或换句话说，自然是有最终目的的，是不朽的）。因为它并不排除神共存于这个整体中的可能性——事实上，根据巴门尼德的“真理之路”，启示女神巴门尼德[①]和自然的其他所有部分都只是存在。而且，一位全知全能的神也有能力让自然在我们这些区区凡人看来是非创生的。关键问题是，科学无法证明或证伪神的存在，因此，如巴门尼德在他的“意见之路”中表述的，这种观念永远是一个主观信仰问题。在科学中，我们必须始终从一个假设的事物（一种存在）开始——如果我们碰巧最终解释了这种假设的事物，那肯定要用一个新假设的事物来解释。科学不能始于非存在：**一个宇宙从无到有是无法用科学解释的！**为什么是“有”而不是“无”，这在科学上[18]是无法回答的。按照已有理论中的因果律，我们只能用前因来解释后果，但不能解释主因（开端）。因此，我们永远无法知

---

① 由于巴门尼德的《论自然》中的女神的表述实际是巴门尼德本人的观点，故而作者在这里直接称其为启示女神。

道自然是否有一个最终目的。假设，即使宇宙的真理向我们揭开了，我们也只能在拥有绝对能力的情况下才知道真理是**绝对的**——这样我们才能理解真理中的绝对性。但我们并没有这种能力，而且对这种假设的解释依旧是主观的。

在科学界最好的宇宙学模型中，大爆炸没有，也无法回答为何会有宇宙，它只是假定存在一个宇宙（可能已经开始或一直存在），然后继续描述它。但它无法回答为何是者是。大爆炸模型预测宇宙的年龄为138亿岁，这只是一个**相对的**年龄，也就是说，我们的科学理论对宇宙性质的描述可以从大约138亿年前开始。但也要强调，我们对宇宙在此之前可能发生的事情一无所知。

有趣的是，为了避免各种方程在假设的大爆炸奇点面前崩溃，部分宇宙学模型试图通过数学方法模拟一个自给自足的有限宇宙，这个宇宙既没有空间边界也没有时间边界——亦即一种无始无终的非诞生自然。[19]如果将这个宇宙比作几何形状，它就好似一个球面：其大小是有限的，上面没有任何位置可以被视为起点而非终点，也不可能被视为中心而非边缘，在任何方面都不具备特殊性。当然，我们要再次强调，用数学或科学来假设非诞生宇宙也很难说明宇宙的真正起源——这还是一个主观问题——因为数学的真理要受其公理的限制，科学的真理要受其数学**和**科学方法的限制。一切科学知识都是临时的。

巴门尼德的思想是一种充满希望的哲学，因为在它的语境中，意识是存在的一部分——我思考，故我有意识。因此，意识永远不会变成非存在，即使肉身已明显死亡。

结论

在巴门尼德之后，任何新的自然哲学都将被视为不完备的，除非后来者能成功地论证他的各种结论。那些结论虽然新奇，但是合乎逻辑。巴门尼德最好的门生——芝诺，坚定地支持他老师的观点，仿佛这并不是一项艰巨的任务。芝诺通过他著名的悖论使这些观点变得更加复杂，这些悖论向多元性的本质，以及空间、时间和表观运动的真实性发出疑问。

Ω 自然的悖论 ∞

导语

通过一系列的所谓悖论，爱利亚的芝诺（约前490—前430）试图证明一个惊人的结论，即运动是不可能的，自然的多元性是一种错觉。他有可能是对的吗？我们先介绍一下他的4个最大胆的悖论：二分法悖论、阿基里斯追乌龟悖论、飞矢不动悖论和空间悖论。这些悖论挑战了关于空间、时间和运动的多种观点，我们要在现代物理学的背景下对它们进行检验。我们还会简要提及他多元性悖论的结论，其中涉及的问题是：自然界到底有很多事物，还是只有一种事物？

芝诺的所有悖论始终都没有普遍的解决方案，所以遗留至今，成了长期存在的最难解的谜题。造成这种情况出现的部分原因在于空间、时间和物质等关键概念的介入，即使按现代物理学的标准，它们的真正本质也远不为人所知。想真正地解决这些悖论，还需要更彻底地理解这些概念，广义相对论和量子理论目前还没有能力解释。曾经提出的解决方案往往都旨在证明运动是真实的，在量子力学的不确定性原理的加持下，我们将支持芝诺的观点，即运动现象在最乐观的条件下也是**无法**通过实验**证实**的！

二分法悖论

根据亚里士多德的记载，芝诺曾说："没有什么运动是存在的，因为旅行者在到达终点之前必须先到达中点。"[1]为了解释这句话，我们必须假设空间要么是无限可分的（想象空间永远可以被分成更小的部分），要么是有限可分的（空间不可再被分成比基本单位更小的部分）。

无限可分的空间

二分法悖论可以用两种不同的方式来解释，但它们本质上是相同的。在第一种解释中，问题是：旅行者能够开始一次旅程吗？要开始一段有特定距离的旅程，旅行者必须走完前半段，但在此之前，他必须走完前半段的前半段，也就是前半段的一半，如此这般，无穷无尽。由于总是要走完一个更短的一半，芝诺便质疑旅行者能否开始一次旅程。

在数学语言中，这名旅行者只有先从以下总距离的无穷分数数列中找到一个最小分数（“最后”一项）时，才能开始他的旅行：1/2，1/4，1/8，1/16……但这种最小分数并不存在，它无法确定（这也是为什么这种分数数列叫无穷分数数列）。所以悖论来了：一方面，芝诺怀疑事物连开始动的能力都没有，这一想法是合乎逻辑的；另一方面，我们又能看到周围的事物都在动。因此，要么芝诺的推理错了，要么我们看到的是假的。

在第二种解释中，二分法悖论可以用相反的方式来重新表述。在这种情况下，问题是：假设旅行者能够以某种方式开始一段旅程，那他能走完吗？要走完一定距离的旅程，旅行者必须先走完其一半的路程，然后是剩余路程的一半，然后又是剩余路程的一半，无穷无尽。由于总会有更短的后半段要走，芝诺对旅行者能否完成一次旅程提出了疑问。

第一个想到的“答案”

针对二分法悖论，首先我们会直接想到起身行走，动起来试试，但请注意一点，就像犬儒派哲学家安提斯泰尼（Antisthenes）[2]在听了芝诺的表述后所做的那样，他认为实际的演示比所有口头上的论证都更有说服力，但这其实根本不是对芝诺运动悖论的反驳，因为芝诺并没有否认**表观**运动，他质疑的是运动的真实性。自然哲学家都十分清楚表面现象具有欺骗性，我们看到的事情并不一定像看到的那样发生。

一个基于简单数学的“答案”

针对第一种解释，想开始旅行，旅行者就必须先找出总距离的最小分数，即1/2，1/4，1/8，1/16……这个无穷数列里的“最后”一项，只有这样，他才会知道首先从哪儿迈出第一步，以开始这段旅程。但这一项是无法确定的。在对总距离进行无限细分之后，数列的“最后”一项确定非常微小，**趋近于**零，但它并不**恰好为**零，因为永远存在一个更短的前半段要先走完。既然这一项趋近于零，我们会想估算它恰好为零，但因为这个近似值，旅行者首先会踏足他所在的地方，也就是起点。这也就解释了旅行为何无法开始，因此，运动是不可能的。但这也不一定是最好的结论，因为只有在我们省事地将“最后”一项取近似值零之后，才能得出这个结论。因为“最后”一项的实际值无法确定，所以更好的结论是：旅行的状态（旅行是否可以开始）也必须是无法确定的。因此，至少可以说运动的概念是模糊的。对二分法悖论的第二种解释应用了与之类似的论证，也可以得出同样的结论。

一个基于现代数学的“答案”

二分法悖论的答案往往要通过微积分来寻找。假设旅程的距离为1米，根据第二种解释，旅行者首先要走完路程的一半，即1/2米，然后是剩余路程的一半，即另外1/4米，然后是新的剩余路程的一半，即另外1/8米，如此这般，无穷无尽。为了弄清楚旅行者是否走完了1米的路程，我们必须将他走过的所有路段相加，即1/2+1/4+1/8+1/16+……由于这个无穷等比数列的和收敛[①]于1，有人认为旅行者在迈出无限

① 数字收敛（converge）是指一串数字逐渐趋向于某个确定的值。

步之后所走的距离就是1米。因此他移动了，悖论就此解决。

但这一论证在微积分的细节中隐藏着一个缺陷。为了能够进行微积分运算（像现在这样计算数列之和），无理数必须近似为有理数。任何空间距离上都存在着无穷多的无理数。举个例子，在零点（旅程的起点）和1米点（旅程的终点）之间有无穷多个无理数——比如$\sqrt{2}-1$=0.414 213 562……，或这个数的一半，或它的1/3，以此类推——在计算级数的和之前，这些无理数必须近似为有理数。例如，四舍五入到小数点后四位，$\sqrt{2}-1$的舍入值就等于0.414 2。这些公理和近似值在微积分的运算中是必需的，否则数列就无法收敛到一个切实的、可计算的答案，但芝诺却对此表示怀疑。他肯定会说，这是因为大自然没有必要按照这种图省事又野心勃勃的人类所估算的结果来行事。"数学永远不能告诉我们**有**什么，它只能告诉我们，如果［假设有某个公理］，那么**会有**什么。"[3]此外，也有人认为这种收敛方法并没有解决二分法悖论，因为它没有解释如何在有限的时间内完成这个有无穷数量的任务（从前半段路程到剩余路程的一半……无穷无尽）。

如此看来，在对二分法悖论的第一种解释中，运动无法开始；在第二种解释中，运动无法结束。这些相互矛盾的结果暗示了这一悖论的根本前提——空间是无限可分的——可能是有缺陷的。伊壁鸠鲁（我们将在“空间原子与时间原子”一章看到他的主张）假设空间是有限可分的，它具有一种量子的属性！如此，就解决了这个悖论。但为了成功，他不得不以一种比爱因斯坦更为激进的方式来重新想象空间和时间。

阿基里斯追乌龟悖论

“跑得快的人永远追不上跑得慢的人。这是因为跑得快的人必须先到达慢的人的起始点，所以跑得慢的人必然始终领先。”（亚里士多德对芝诺悖论的转述）[4]

这个悖论是说，跑得很快的阿基里斯和（在他前面，与他有一段距离的）一只慢悠悠的乌龟赛跑，但阿基里斯永远赶不上乌龟，因为他在追上乌龟之前必须先到达乌龟的起点。但当他到达乌龟的起点时，乌龟也有机会向前移动到一个新的位置；当他到达乌龟的新位置时，乌龟又向前移动到了另一个新位置，无穷无尽。因此，尽管速度更快的阿基里斯会不断地接近速度更慢的乌龟，但二者之间总会有一些微小且在不断减小的距离（尽管不一定像二分法悖论中的那样是一半的分数）。这是一个悖论，因为虽然芝诺认为跑得快的人追不上跑得慢的人是合乎逻辑的，但跑得快的显然能够超过跑得慢的。是芝诺的推理有缺陷，还是我们的感觉出错了？

这个悖论与二分法悖论基本一样，所以上文提到的所有内容在这里也都适用。在二分法悖论中，第一种解释（旅行者无法开始旅程）似乎比第二种解释（假定旅行者在移动，他永远无法完成旅程）更直接地否认了运动。阿基里斯追乌龟悖论假定阿基里斯和乌龟都在移动，但二者的运动似乎并没有以常规的方式进行，因为更快的阿基里斯追不上更慢的乌龟。在飞矢不动悖论中，芝诺更加大胆，因为不管人们如何解释运动，他直接否认了运动。下面我们来重述这一悖论。[5]

飞矢不动悖论

当箭处在与自身相等的空间中时，它是静止的，一支射出的箭一次只能飞行一个瞬间。由于箭在飞行的每个瞬间都处在与自身相等的空间中（就和它静止时一样），那么在每一个这样的瞬间，箭都必然是静止的。由于它在任何瞬间都处于静止状态，它必然在整个飞行过程中都是静止的。因此，飞行是表面上的，而不是真实的。箭没有移动。

这是一个悖论，因为它的结论基于一个逻辑论证，该论证与我们所感知的表观现实相矛盾。按照我们的感知，飞箭在飞行的每一瞬间都会改变位置，因此看起来就是在移动的。问题又来了，是芝诺的逻辑有缺陷，还是我们的感觉出错了？

我相信，飞矢不动悖论的提出一定是由简单的观察所引发的，即一个静止的物体占据的空间等于其自身的大小。例如，书桌上的一本书所占据的空间与其自身的大小完全相同。不过，我并不是要暗示这种观察结果能证实芝诺的结论——一支看似在飞行的箭实际上没有移动。但他有可能是对的吗？一支看起来就在飞的箭，真的一动不动吗？从量子理论的角度来看，至少我认为这支箭是否在移动是无法被验证的。总体而言，运动是一个模糊的概念。

运动是模糊的

虽然运动是表观现实的一部分，也是重要的物理学理论的基础前提，但从根本上说，运动（至少是涉及微观粒子的运动）永远都不会是一种可以用实验验证的现象！因此，运动本质上是由感官经验推论出的一个假设，但它的真实性实际上是模糊的。这是因为，在海森堡不确定性原理中，观察对象都是不连续的离散事件，连续的观察在时间和空间上都有间隔——我们只能不连续地观察（如“不断变化的宇宙”一章所述）。观察可以连续进行的概念必须摒弃。这是通过观察日常现象——比如一支飞行的箭——而养成的错误思维习惯（尽管“不断变化的宇宙”这章中的“观测是不连续的事件”一节对此已有解释，我们稍后会再次强调，箭表面上的运动连续性是一种错觉，因为它的大质量使得连续观察之间的时间和空间的间隔都小得无法检测）。现在，在没有连续观察能力的情况下，运动不仅**在观察中**是不连续的，就连运动这一概念**本身**也变得模糊了。这是怎么回事呢?

当一个粒子（如电子）在一段时间间隔内改变了相对于

某个观察者的位置时，运动就发生了。一个粒子应该现在在这里，后来却在那里，这才能说它移动了。但自然不允许我们连续观察一个粒子并跟踪其轨迹，而且一个粒子与同族的其他所有粒子都相同（如所有电子都是相同的），所以我们无法确定在一个位置上观察到的电子是不是从另一个位置移动过来的，或者它是否真的是在前一个位置观察到的那个电子，无论它们隔得有多近。由于观测对象都是不连续的离散事件——它们之间存在时间（和空间）间隔，在此期间（和空间间隔内），我们并不知道粒子是什么状况——后来观测到的相同的粒子实际上有可能是同族的两个不同的粒子，而不是同一个可能从一个位置（第一次观测的位置）移动到下一个位置（后来观测的位置）的粒子。由于我们没有能力靠实验确定一个粒子是否改变了位置，它的运动——或通常而言的运动——就成了一个值得怀疑的概念。

总而言之，（1）我们没有连续观察一个粒子的能力，（2）我们不可能靠实验来确定它的同一性，因此（3）也不可能通过实验来证实它运动了。

强化这一结论而得出的事实是，在观察一个微观粒子时，我们通过显微镜所看到的只是一道闪光，而粒子就在闪光中的某处。然而，该粒子在每个时刻的确切位置，以及它是静是动，都无法确定。虽然我们确实探测到了粒子，但并不能探明它的静与动。因此，事实上，静止和运动都不能通过实验得到验证。运动是模糊的。

但如果我们承认运动确实发生了，那么运动就是**量子性**的！它是通过“量子跃迁”发生的，这是现代量子力学中的一个根本概念：一个基本粒子从一处**移到了**另一处，**但没有经过中间的任何一点**！打个**粗略的**比方吧，你看到国际象棋棋盘上的一个方格上有一个兵。然后你闭上眼睛过一会儿。再睁开眼时，你看到另一个方格上有一个兵。虽然你不知道前后看到的是不是同一个兵，你并没有看到一个兵在移动，但你依然可以说，**这个**兵**已经移到了**一个新的方格上，却**并没有**动。伊壁鸠鲁（见“空间原子与时间原子”一章）向人们讲授了这种运动的量子本质！亚里士多德**反对**量子运动的论点，伊壁鸠鲁则予以反驳，从而得出了这一结论。根据古典学家大卫·福莱（David J. Furley）的解释，亚里士多德［在其《物理学》（*Physics*）第六卷中］认为，如果量子运动是真的，那么“一个物体可以既移动了又从未运动；一个物体可以同时处于静止状态和运动状态；运动可以由非运动构成”[6]。物理学家尤利乌斯·罗伯特·奥本海默（J. Robert Oppenheimer，1904—1967）曾试图描述有关运动的海森堡不确定性原理的特殊后果，令人惊讶的是，他也说过类似的话：“譬如，如果我们问电子的位置是否保持不变，我们必须说‘不是’；如果我们问电子的位置是否随时间变化，我们必须说‘不是’；如果我们问电子是否处于静止状态，我们必须说‘不是’；如果我们问它是否在运动，我们也必须说‘不是’。”[7]

既然微观粒子的运动是模糊的，那么在严格的意义上，箭的运动也一定是模糊的，因为箭是由微观粒子构成的。观察到一支不断运动的飞箭并不能（在最严格的意义上）证明同一支箭持续存在并在移动，这是因为，没有证据表明构成它的任何微观粒子是持续存在并在移动的。此外，量子理论（不确定性原理由此产生）对于宏观世界和微观世界来说都是正确的。只是出于实用目的，人们才假设宏观物体的表现符合经典物理学——对于经典物理学来说，物体似乎在以确定的可追踪轨迹持续存在并运动——因为不确定性原理对宏观物体的影响小得难以检测，尽管影响也不是零。

最后，在爱因斯坦的块状宇宙中，箭的**所有**事件——箭在每个时间点的位置，亦即它的所有时空点——总是存在于连续体中，箭**无须**在每个时刻改变位置。

如此一来，我们要如何解释日常的表观运动，以及现实中任何对象（比如一支飞行中的箭，追赶乌龟的阿基里斯，或者旅行中的任何人）表观运动的表观连续性？

摄影与表观运动

我们可以用电影的摄影技术来解释日常的表观运动。打个比方，你可以想象一系列样式相同但互不相连的红色灯泡，它们沿着乔治·华盛顿大桥的拱形轮廓紧密排列。想象现在是晚上，这一排灯泡中的第一个短暂地亮了几秒，然后永远熄灭。在短暂的时间间隔之后，持续时间仅为1秒的若干分之几，第二个灯泡以相同的方式亮起并熄灭，然后是第三个，以此类推，直到每个灯泡都按顺序亮起并熄灭。这些事件，即每个灯泡的亮和灭，是（1）相同的（在某种意义上，观察者看到的是相同的红灯）和（2）不相连的：空间间隔是灯泡之间的距离；时间间隔是1秒的若干分之几。此外，（3）假设这些事件的空间和时间间隔足够小，对于远处的观察者来说，这种现象看起来就像**一个红色的物体**（第一个灯泡）**动了**，并且沿着桥的轮廓**连续**移动，而实际上并没有任何物体移动。在这种情况下，运动就是经过观察一系列相同和适当分离的事件而产生的感官错觉。尤其是前两个事实——（1）和（2）——造成了运动的错觉，而条件（3）则造成了运动连续性的错觉。

红灯看起来在移动与飞箭看起来在飞行相似。在这两种情况下，表观运动和运动的表观连续性实际上都是（1）一系列相同观察（表面上相同的红灯或箭）的结果，（2）这些观察结果也是不相连的（对于箭来说，这是不确定性原理引起的），因为（3）它们之间存在一些小得无法检测的空间和时间间隔（对于箭来说，原因在于它自身的质量大）。具体而言，（1）和（2）让人产生运动的错觉和物体是同一个（红灯或箭）的错觉，（3）则造成了运动**连续性**的错觉。

不过，为了完善这一类比，我们必须补充一点：与假定若干相同的灯泡事先已沿着桥的轮廓存在不同，对于飞行中的箭，我们不能假设若干相同的箭事先也沿着其表面的轨迹存在。只不过我们每一次**观察到的**都是看起来相同的箭，尽管我们不确定观察到的是否绝对是同一支箭，如我们在“不断变化的宇宙”一章中所了解的，这是因为微观粒子的同一性无法靠实验来确定。并且，由于箭是由这类粒子构成的，也无法明确地证明我们观察的真是同一支箭（也就是说，这支箭在其表观飞行运动中的每一个路径都由**同样的**微观粒子构成）——这个事实使运动对于任何物体来说都成了一个模糊的概念，无论物体是微观的还是宏观的。我们最多只能说，在后来的观察中观察到的箭具有相似的一般属性，相似的一般**形式或组织**（就像赫拉克利特的河流一样）。这种一般组织看起来是持续存在的，至少在某个时间间隔中和某个空间区域内如此。正是这种组织的持续存在，才造成了一个持续存在的物体（比如箭）在运动的错觉。

一方面，我们周围的某些事物似乎是持续存在的（至少在某段时间和某个空间区域内看起来是**永恒的事物**），而且每当它们看起来在运动时，它们的运动似乎也是连续的。然而另一方面，物体的持久性和运动都不是实验可以证明的概念。因此，运动至少是一个模糊的概念，这是运动的定义本身所带来的一个意料之中的结果，因为它的定义要求有持久性的事物存在，这样它们才能运动：若一个**粒子**（一般**事物**）在一段时间间隔内相对于观察者改变了位置，运动就发生了。但要指称一个粒子并定义它的运动，这个粒子**必须在其运动期间保持同一**。如果一个粒子在一段时间内不能保持同一，则不能定义运动。现在，对于赫拉克利特和现代物理学来说，就没有可以识别的粒子和持久的事物了，所余者只有事件。由于没有持续存在的事物，我们也没有能力在两个不同的时刻确定事物的同一性，运动始终是一个模糊的概念。虽然模糊，但它能否成为解释现象的一条切实有用的途径呢？

适当性vs.真实性

上述问题的答案是：有时会。在经典物理学中，因果关系基于决定论：一个单一的原因产生一个单一的结果，并且至少在原则上，因和果都可以被精准地确定。在量子理论中，因果关系基于概率，因和果是用概率来表示的，这实际上是我们无法确定观测到的是两个相同的粒子还是同一个粒子的原因，因为我们无法以决定论式的（绝对的）准确性来将这些观测对象的因果关系联系起来。但为了从量子理论的角度理解这些现象，我们通常会假设某些事件存在因果链。例如，一个电子在某处与一个光子碰撞，并反冲到了另一处（好像该电子是持续存在的）。因此，虽然因和果都不确定，运动也无法追踪，但对一系列事件和运动链的假设，仍然是一种常用的、模拟实践的充分方法。假设粒子是持续存在的，那么就像我们之前所论证的，它们始终处于运动状态。

虽然运动可能是一个**足够**有用的概念，可以用来模拟对自然——尤其是箭、汽车和飞机这样的宏观物体——的实用的解释，作为自然的真实属性，但退一步说，运动是一个模糊的概念，它缺乏对构成所有宏观物体的微观物质成分的实验验证的支持。因此，模拟物体（电子或箭）在运动所带来的积极作用就是，它可以满足人们日常生活的实际需要，但这不是一个可证实的真理。我们还应该指出一点，那就是在实践中，这种模拟并不能始终得到应用（尤其是在微观世界中）。

在量子理论出现之前，在经典物理学的语境下，位置、速度和（一般的）运动等概念是直观的、不用去证明的，我们可以用很明确的方式来描述一个物体，比如一个物体会以特定的速度运动，它现在从这里经过，稍后又将去那里。然而，在量子理论出现后，这些概念都变得违反直觉了，我们不能再以同样的方式来描述微观粒子的特性了。微观粒子的位置、速度和运动轨迹都是不明确的——如我们所知，运动的这种模糊性最早出现在芝诺的自然哲学中。因此，要更好地描述一个粒子（以及一般现象）的特性，就不能依靠运动，而要利用量子理论的波函数计算出的概率。概率才是物质的基本（内在）属性，而不是位置、速度和运动等。在这种背景下，就如“数与形”这章一开始所指出的，粒子实际上是一种数学形式。这对于自然界中的变化和运动是否意味着什么？

折中观点：赞成变化存在，反对运动存在

在芝诺看来，箭本身存在，但不运动，没有变化。而在赫拉克利特看来，作为一种持续存在的事物的箭并不存在（只有事件存在），但存在不断的变化和运动，只有箭的

组织存在，并至少持续了一段时间。现代物理学能调和这些对立的观点吗？我们现在可以在某处观察到一个电子（或一支箭），然后在另一处观察到一个电子（或一支箭）。所以很明显，我们可以通过实验证实自然界中存在事件的某种变化。（至少在我们观察的对象以及观察到它的地点和时间上是可以的。也就是说，我们观察到的是不同的现象，是不同地点和不同时间的电子或箭。）但我们并不能通过实验来确认有什么东西移动了。因此，或许只能这样折中一下观点：自然界中确实存在不断的变化（如赫拉克利特的假设），但运动不存在（如芝诺的推论）。然而，这些变化是出现在被动的、如游乐场一般的空间中吗？还是说，空间、时间和物质之间存在某种联系？

空间悖论

“如果存在的万物都存在于某个空间之中，那么这个空间也将存在于其他空间之中，以此类推，无穷无尽。”（亚里士多德对芝诺悖论的转述）[8]我们可以将这句话按如下方式重述：

（1）存在的万物都存在于某个空间之中。

（2）空间是存在的［因为空间若不存在，（1）就不成立，万物就不可能存在］。

（3）既然空间存在，并且存在的万物都存在于某个空间之中，那么空间也必然存在于其他空间之中，以此类推，无穷无尽。

芝诺似乎想通过这一悖论证明，需要空间或虚空（原子论者就是这样做的，他们将其视为可以容纳万物的游乐场）和否定空间一样，都会出问题（巴门尼德就是这样做的）。我们不应该完全否认空间，也不应该把空间当作游乐场——就好像空间独立于物体而存在，仅仅是为了能让物体存在于其中而存在。

我们在“数与形”“不断变化的宇宙”两章中讨论过，狭义和广义相对论用可塑的时空连续体（其中的空间和时间是相对的）取代了牛顿物理学中不变的游乐场般的空间（其中的空间和时间是绝对的）。从相对论的角度来看，事物并不只存在于一个被动的空间之中，时间也在这个背景中稳定地流动着。相反，空间、时间和物质都复杂地交织在一起——产生了惊人的效应，比如长度收缩、时间膨胀、同时性的相对性和空间扭曲（后者只在广义相对论中成立）。

所以，芝诺的空间悖论之所以是一个悖论，一方面是因为，他否认空间是被动的游乐场，这一论点是合乎逻辑的；另一方面，他的悖论又与人们对空间的感知相矛盾。鉴于相对论的存在，我们或许可以认定芝诺的空间悖论已经得到了解决。

当我们试图构建一种与之类似的时间悖论（尽管不是芝诺的）时，就会进一步认识到空间悖论所暗示的游乐场般的空间的独特性。例如，如果存在的万物都存在了一段时间，那么这段时间也将存在于另一段时间之中，以此类推，无穷无尽。这个时间悖论否认了时间是绝对的（牛顿式的），即当事件发生时，时间的流动方式对每个人都相同。

最后，为了证明由诸多事物构成的自然与巴门尼德的一元性都是充满问题和矛盾的，芝诺还另外提出了几个悖论。在此基础上，他断定，如果自然界中有很多事物，它们必须同时（a）无限小、（b）无限大、（c）有限多和（d）无限多。[9]不过我们不打算在这里讨论这些悖论。简而言之，对立的性质是同时存在的（例如，一个事物既大又小），虽然这看起来很矛盾，但仍然不能轻易地忽视。为了能够更好地理解，可以回顾一下哥本哈根解释，再阅读“万物中存有万物”这章的内容。

结论

芝诺的悖论挑战了我们对空间、时间和物质的看法。这些概念之间是否有某种联系？爱因斯坦认为有，他认为时空是一个连续体，与物质持续而复杂地相互作用。那么物质呢？物质的本质是连续的——无处不在，无限可分，因而也可以被分割成越来越小的碎片，就像恩培多克勒和阿那克萨戈拉所设想的那样？还是说，物质的本质是原子性的——有限可分，不能被分割成比基本单位还要小的部分，这些部分不相连地散布着，因为都被虚空包围，就像德谟克利特所教导的那样？是否也存在空间和时间的原子，就像伊壁鸠鲁所教导的那样？基本物质实体是只有一种，还是有很多种？虽然这些哲学家（恩培多克勒、阿那克萨戈拉、德谟克利特和伊壁鸠鲁）都推测基本物质的数量很多，但他们每个人对此都有独到的见解。

Ω 爱与冲突的化学 ∞

导语

恩培多克勒（约前495—前435）通过引入4种不变的基本实体——土、水、空气和火（它们后来被称为“元素”），以及爱与冲突这2种力，成功地调和了赫拉克利特的存在（不断变化）与巴门尼德的存在（不变）之间的对立。当这2种力的相反作用以诸多不同方式混合或分离那些不变的元素时，变化就产生了，该理论与现代化学基本一致；或者更根本地说，它也与粒子物理学的标准模型一致。此外，恩培多克勒的独特宇宙学所描述的宇宙周期本可以成功地解决一个看起来相当简单的问题，即“夜空为何是黑的？”，而大爆炸宇宙学直到20世纪才弄清这个问题。

元素与力

泰勒斯告诉人们，基本物质可以转化并改变自身的性质（如水可以变成冰）。与他不同的是，恩培多克勒（和阿那克西美尼一样）主张基本物质的性质必须始终保持不变，就像巴门尼德的存在一样。但如果只有一种性质不变的基本物质，他无法解释已观察到的这个世界的物质多样性。因此，他假设有那4种物质存在，即元素，它们是非创生的、不朽的——既不生于无，也不会消亡为无。他对这些元素的选择是非常明智的，因为可以借它们来解释物质的3种物相，如土元素可以解释固态，水元素可以解释液态，空气元素可以解释气态。此外，他还可以用火元素来解释光。如此一来，这些元素不仅不会相互转化，而且根本不会发生变化。不过这没有关系。因为恩培多克勒还设想了爱（一种力）会混合这些元素，而冲突（另一种力）则会将它们彼此分离，这两种力能够以无限多的比例和组合将元素组成复合物体或将它们拆解，从而解释了自然的巨大多样性。例如，爱可以将土和水混合成泥浆，但冲突可以将泥浆中的土和水分离。因此，爱会让不同的元素相互吸引

（所以在某种意义上，根据亚里士多德的说法，它还会间接地导致相似的事物相互排斥），而冲突则会导致不同的元素相互排斥（所以在某种意义上，它也会间接地使相似的元素相互吸引）。

恩培多克勒根据物体所含元素的比例解释了物体的独特属性。例如，热物体含有的火元素比冷物体的更多；湿物体含有的水元素比干物体的更多。因此，物体中存在的各类物质的数量差异就决定了物体间的性质差异。

诞生和成长发生在元素混合的过程中，譬如盛开的花；而衰败和死亡则发生在元素分离之时，譬如枯萎的花。生成（某事物的诞生、产生）只是来自已经存在的事物（元素）的混合，而不是来自非存在（虚无）——也就是说，没有绝对的诞生。而消亡（某物的死亡）也只是因为事物分离成了已经存在的元素，而不是变成了非存在——也就是说，没有绝对的死亡。没有绝对的诞生或死亡，这无疑是巴门尼德论题的一部分，同时也被阿那克萨戈拉和德谟克利特所接受。

就像元素一样，2种力也是有形的、非创生的、不可改变的、不朽的。而且，正是**它们**在元素中的运动导致了元素的移动——或是将元素推到一起混合，或是将元素拉开分离。所以，力就是运动之源，因而也是变化之源。

在自然哲学领域，恩培多克勒第一次提出了力的概念，他以物质和力来解释自然。然而，物质和力后来是因为牛顿的著作而得到普及的：这首先要归功于牛顿的三大运动定律，其次是他的万有引力定律。例如，根据牛顿的第二运动定律，运动的原因就是力，你去拉一个物体，物体就会移动。物质也可以产生力，如太阳产生引力，电子产生电场力。虽然这种物质与力的自然解释仍然非常实用，但它在20世纪的物理学界已慢慢退场了。在现代物理学中，力逐渐变得不再重要。这个话题我们到“物质原子与能量原子”一章再论。稍后我们将意外地发现，力，尤其是一种超距作用力（牛顿的引力）在德谟克利特的原子论中从未被需要过。

恩培多克勒与标准模型

恩培多克勒认为，力会混合和分离固定数量的基本物质，这个想法与粒子物理学的标准模型在根本上是一致的。

恩培多克勒提出了2种力和4种主要元素（利昂·莱德曼后来将元素更名为“粒子”）；[1]标准模型则考虑了3种基本力——电磁力、弱核力和强核力（不要忘了，引力并未被纳入标准模型），以及12种物质粒子——6种夸克和6种轻子（如果要考虑得更细致的话，实际上还有更多）。当然，与恩培多克勒的元素不同，在现代物理学中，夸克和轻子是可变的。它们可以转化为能量，或者从一种物质粒子转化为另一种。这些转化也要遵循守恒定律，因此本质上有些东西仍然是不可改变的（比如转化前后的总电荷是相同的）。夸克和轻子也会通过这些力以多种组合方式和比例聚在一起，形成原子核、原子、分子、花朵，以及所有大小不一的物体，包括有生命的和无生命的，相似的和不相似的。同时，这些力也可以将较大的物体分解为较小的物体。

在恩培多克勒的化学中，每个物体都由比例独特的元素混合而成——例如，他说骨头就是由2份土、2份水、4份火组成的（尽管文献资料中并没有解释他是如何得出这些比例的）。（毕达哥拉斯学派的影响[2]在恩培多克勒的混合过程中使用的数值比例上有明显的体现，毕达哥拉斯学派就是用数值比例来描述音乐和天体运动的，就连他们试图为

$\sqrt{2}$找到比值的失败尝试也一样。）同样地，在现代化学中，每种化合物都由固定比例的化学原子组成——例如，一个水分子H_2O总是由2个氢原子和1个氧原子组成。当然，现代化学甚至可以在粒子物理学的夸克和轻子的背景下进行更根本的分析，并仍然保留恩培多克勒的固定比例的概念。也就是说，比如H_2O实际上是一种固定的混合物，它由2个质子（每个氢原子核中包含1个）加上另外8个质子和8个中子（来自氧原子核），再加上2个电子（每个氢原子中包含1个）和另外8个电子（来自氧原子）组成。因为电子属于轻子家族中的粒子，所以它们是基本的（不是由其他类型的粒子组成）。但质子和中子不是基本的：一个质子由3个夸克组成，2个上夸克和1个下夸克（“上”和“下”都是夸克的名称）；一个中子由1个上夸克和2个下夸克组成。此外，夸克和轻子会因传递基本力的粒子的持续交换而聚合或彼此推开，在此前的示例中，力的粒子就是光子和胶子。同样，在恩培多克勒的理论中，元素的固定比例也是通过爱与冲突的持续竞争来达成的。

恩培多克勒不只对单个物体的构成和变化饶有兴趣，他对整个世界的构成和变化也颇感兴趣。

世界的循环

对于恩培多克勒来说，宇宙的结构是球形的，其中的变化没有最终目的，也没有神的干预（这也是原子论者的观点）。自然是由偶然性和必然性支配的（在亚里士多德的哲学中是由潜能和现实支配的）。也就是说，只有部分结果可能会出现，但实际发生的结果完全由偶然所致。有趣的是，这正是量子力学中概率的含义。[3]例如，氢原子可能只具有某些能量，但在任一时刻实际观察到的能量（必然性或现实性）完全是偶然的结果——每种可能性的概率都可以由波函数计算出来。

在恩培多克勒的宇宙学中，自然一直存在（所以它的过去时间是无限的），就像巴门尼德一样，他相信“*ex nihilo nihil fit*”（拉丁语，意为没有什么会无中生有）。因此，自然无始无终，它经历着兴衰的永恒循环，逐步并连续地跨过4个基本阶段。[4]在循环的第一阶段，爱完全并暂时地占据着主导地位，将各种元素完全混合。在第二阶段，冲突开始发挥影响力，自然也因此逐步过渡到部分混合和分离的状态。在第三阶段，冲突完全并暂时地占据主导地位，将元素完全分开，因此，每种元素都以纯粹的形态占据着空间的不同区域：一个区域只被土占据，一个区域只被水占据，还有一个区域只被空气占据，最后一个区域只被火占据。在第四阶段，爱逐渐回归，因此再次出现了各元素的部分混合和分离。生命（植物和动物的演化）和我们所知的自然（包括太阳、行星、恒星）都出现在第二和第四阶段。对于恩培多克勒来说，我们的宇宙的状态是暂时的，它正在逐渐地被另一种状态所取代。

那么，对一个无始无终，“最初”和“最后”都没有绝对意义的宇宙来说，为什么一种事物（或概念）可以比另一种更基本（根本）？“再者，如果万物都由4种东西（土、水、空气、火，或者夸克和轻子）创造出来，并分解成这4种东西，为什么我们要说它们是万物的元素［基本的、根本的实体］，而不是反过来——即万物［复合物体或涌现性质］是这4种东西的元素［基本的、根本的实体］？毕竟两方都在不断地相互创生，它们无时无刻不在交换颜色和全部的性质［属性］。”[5]根据伊壁鸠鲁学派的这条推论，自然可能是一条双行道，没有等级。我们为构建万物理论而追寻的那种不易察觉的同一性，可能与其对立面——可察觉的多样性——一样，都是重要而根本的概念。一般来说，还原论——自下而上（从微观到宏观）地理解（建构）宇宙——可能与处在对立面的涌现论——自上而下地理解（解构）宇宙——一样，都是有效的哲学。

有趣的是，如果我们不局限于上面的比较，那这4个阶段与现代宇宙学的宇宙模型也有几个相似之处。

现代宇宙学中的循环

根据大爆炸模型，最初，万物完全混合在一起，包括空间、时间、物质和能量（如恩培多克勒的第一阶段）。那时，我们所知的生命不可能存在，因为宇宙极小，而且温度极高，没有恒星或行星，宇宙只是一个由微小粒子构成的超致密混合体。从那时起，宇宙一直在演化，直至达到今日的天文尺寸和多样化状态，有星系、恒星、行星和生命（如恩培多克勒的第二阶段）。如果像各种大爆炸模型所推测的那样，宇宙是“开放的”，它就会永远膨胀下去，尺寸将不断扩张，直至其中的一切完全分离（如恩培多克勒的第三阶段）。然后，宇宙将变成一个冰冷的无生命宇宙，没有行星或恒星，只有微小粒子。但如果像其他模型所推测的那样，宇宙是“闭合的”，那么在经历了第三阶段（处于最大状态，但不一定完全地分离了其中的一切，在此期间恒星可能会消亡）之后，它将停止膨胀，开始收缩，并再次出现生命孕育所需的部分混合和分离（如恩培多克勒的第四阶段）。第四阶段与第二阶段非常相似，因为随着物质在不断收缩的宇宙中聚集，粒子再次结合，形成无数发光的恒星和围绕它们运动并孕育着生命的行星。但在一个“闭合的”宇宙中，这种收缩将继续下去，直至引力的压毁力最终使宇宙自身坍缩，并再次将一切完全聚集（第一阶段完成），引发一场“大崩坠”（big crunch，大爆炸的对立面）。如果宇宙逆转并开始闭合，热力学第二定律也会逆转吗？事实是，人们认为热力学第二定律支配着“时间箭头”，即过去、现在、未来这种习以为常的时间方向性（流动），万物（花、人、恒星、整个宇宙）**都**会变得更加无序（熵），而且基本上都会衰老。然而，若是在一个正在闭合的宇宙中，热力学第二定律逆转了（即事物变得愈发**有序**而非无序），时间箭头也会逆转。在这种情况下，我们可能会感觉自己变得越来越**年轻**，仿佛身处柏拉图宇宙论神话中的逆转宇宙之中。[6]

我们无法确定自己是否生活在一个不断变化的宇宙中，宇宙经历了无休止的大爆炸、膨胀、收缩和大崩坠的循环。尽管如此，我们仍然可以相当准确地描述从大爆炸的“最初”时刻直至现在的宇宙中的主要事件及其发生的时间。

宇宙历

在现代宇宙学中，宇宙中的所有事件跨越了138亿年的时间。为了审视如此浩瀚的时间长河，我们常常要用到一种宇宙历。这是一种象征手法，即将宇宙自大爆炸以来估算的年龄——138亿年，压缩到一个日历年[①]——大约每10亿年算1个月。最初的爆炸，即大爆炸，应该发生于1月1日凌晨的00:00:00（用24小时计时法，即0时0分0秒），并导致了宇宙的膨胀。我们尚不清楚这场大爆炸的原因，但据推断，它可能是由广义相对论方程所预测的某种斥力造成的。我们知道的是，这种膨胀直到12月31日的24:00:00

① 日历年（calendar year）指一年的开始至一年的结束，即从1月1日到12月31日。

的最后时刻都始终未停止，宇宙从最初难以想象的微小尺寸（可能就是一个点）增长到如今约930亿光年的浩瀚尺度。[宇宙的大小或寿命有没有限度，这些问题都还未得到解决，因为宇宙学是一个不断发展的领域。如果我们坚持相信存在既不能出自非存在，也不能成为非存在这一哲学，那么宇宙就一直存在，并将永远存在。它也可以是无界（boundless）而有限的，就像“不变的宇宙”这章类比的球面的几何结构一样。] 究竟是什么爆炸（膨胀、拉伸）了？是时空。过去是，现在依然是。在最初爆炸后的短短一瞬，可能只有10^{-36}秒，宇宙经历了一次比光速更快[7]的宏大的膨胀，即一次**大**爆炸，这个概念被称为“宇宙暴胀”（cosmic inflation）。转瞬之间，它就膨胀了10^{30}倍！[8]

及至大爆炸后的约14分钟（38万年），即1月1日的00:14:00，宇宙膨胀了，密度变小了，而且大幅冷却，导致它对于光变得透明了（就像澄空对于可见光是透明的一样），第一次允许大爆炸的“余晖”——学名为“宇宙微波背景辐射”的最古老的可观测光——自由地穿越空间和时间。从当时当地直至此时此地，我们今天能（通过射电望远镜）看到它们从宇宙的各个方向朝我们散射出来——这是对大爆炸宇宙模型的一次成功的验证。在这最初的14分钟的一开始，年轻的宇宙致密、酷热，因此对于光并不透明——就像雾对于可见光不透明一样——所以光无法传播多远。到了1月1日的00:14:00，最简单且最轻的化学原子——氢原子在此刻首次形成，此时相对较冷的宇宙已经允许电子和质子通过电场力相互俘获。

2月1日左右（大爆炸后约10亿年），引力将物质拉合到一起，恒星和星系由此开始形成。恒星（和星光）出现之前的时代被称为“宇宙黑暗时代”（Cosmic Dark Ages）。恒星能发光是核聚变所致，通过这一过程，轻核结合成了更重的核，由此将质量转化为能量并释放出了光。比铁更重的原子核，包括银和金，是在一颗超巨星（其质量比太阳的质量还要大）成为超新星时通过聚变合成的——超新星会在一场宇宙级的爆炸中死亡，发出不亚于一个恒星系的光！

超新星的死亡也是生命诞生的开始！在数百万年或几十亿年后，超新星散射出的碎片，即由气体和尘埃构成的星云，会再次在引力的压迫下逐渐坍缩，形成一颗新的恒星及其绕行行星，这些行星也可能发展出生命。我们自己的太阳系就是一个完美的例子。它诞生的时间要晚得多，那是9月3日左右（约45亿年前），由宇宙早期合成的原子（包括恒星中生成的重原子）所组成的巨大星云的引力坍缩形成。因此，地球和地球上的一切，包括我们，都是由这些古老的原子构成的——如果你戴着金戒指，从某种意义上说，你戴的其实是一颗恒星的一部分，因为你这件首饰里的原子曾经就是在一颗注定成为超新星的恒星中形成的！更令人赞叹的是，用伟大的卡尔·萨根的话说，我们都是“星尘”！换言之，构成我们的大部分原子都曾在恒星内部形成，而这些恒星在我们或我们的太阳系诞生前的数百万年或数十亿年就已存在并消逝了。

到9月29日（35亿年前），原始的微观生命形式已在地球上繁衍，所以，最早的第一种生命形式肯定比那还要早得多。12月30日（6 500万年前），一颗小行星与地球相撞，导致包括恐龙在内的众多物种灭绝。但对灵长类动物来说，这是个好日子，因为它们就是从那时开始演化的。在宇宙历最后一天的最后一个小时，即12月31日23:52（距今仅8分钟前，即20万年前），作为灵长类的智人演化出来了。在最后一天的最后一分钟的不同时间点，还发生了一些其他重大事件。1分钟前的23:59（3万年前），人类绘制了精美的洞穴壁画，驯化了植物和其他动物，并在23秒前的23:59:37（约1万年前）孕育出了文明。

有记载的历史要比金字塔的兴造早几个世纪，仅始于11秒前的23:59:49（约5 000年前）；希腊自然哲学的诞生发生于6秒前的23:59:54（由大约2 600年前的泰勒斯开创）；我们的创新性互联网是在约0.08秒前的23:59:59:92（20世纪80年代）开始应用的；而本书的一位20岁的读者，则是在0.05秒前的23:59:59:95出生的。如智者所言，如果智慧随着时间而获得，那么人类的智慧微不足道，与宇宙的智慧完全不同。宇宙的智慧是无穷无尽的。

第二个宇宙历会是什么样子的呢？宇宙会继续膨胀吗？它会停止膨胀并开始收缩吗？我们并不能确定。虽然宇宙微波背景辐射和哈勃定律是对宇宙膨胀的两个最重要的实验性证明，但关于宇宙命运的实验性证明（若确实存在这种独特的实验的话）尚未找到。实验之所以重要，是因为它们能验证或证伪科学假设。恩培多克勒就因为做了一项这样的实验而闻名，那可能是科学史上的第一个实验。

开启实验时代

虽然空气在阿那克西美尼的哲学中是基本的物质实体，但人们并不认同它是真正的有形实体，原因有二：(1) 它不可见；(2) 其他物体似乎可以置于空气之中或穿过空气。所以有鉴于此，人们认为空气其实就是虚空，至少在毕达哥拉斯学派看来是这样。但凭借滴漏壶（一种用来升高和转移液体的装置），恩培多克勒用实验证明了空气确实是一种物质实体，从而推翻了前者的信念。[9]

将一根吸管（与滴漏壶非常相似）浸入一杯水中，水通过吸管底部的开口流入吸管并填充其中，其水位与杯中水的水位一致。但如果你把吸管浸入水中之前先捏住它顶部的开口，水就不会流入吸管（或实际上只会流入很少）。在恩培多克勒看来，之所以会发生这种情况，是因为一些已经被困于吸管中的无形物质（通过吸管底部的开口）对水施加了压力，使其无法进入。就这个例子而言，水无法通过这种物质，这种物质就是空气。只有当你松开顶部的开口时，水才能再次流入吸管。因为在这种情况下，吸管中的空气通过顶部的开口逸出，因此等量的水流入并占据了空气原先的位置。(顺便一提，为什么水、空气或任何物体都能运动？这将让原子论者费尽心力，我们将在“物质原子与能量原子”一章看到这一点。) 总而言之，由于物体并不总能穿过空气或置于空气之中，空气肯定是一种物质实体，无论它是否可见。恩培多克勒的推论是正确的。

夜空为何是黑的？

这看似简单的问题名为奥伯斯佯谬 (Olbers’s paradox)。第一个提出这个问题的人可能是天文学家海因里希·奥伯斯 (Heinrich Olbers，1758—1840)，在人们用大爆炸宇宙学来解决它之前，这个问题一直让他和其他人困惑不已。但恩培多克勒肯定不会感到困惑。

假设 (就像奥伯斯和他那个时代的大多数思想家所想的一样) 宇宙是静态的 (既不膨胀也不收缩)，无限古老，无限大，并且各处 (空间和时间都无穷无尽) 都均匀地遍布着 (类似太阳的) 恒星。奥伯斯认为，想象你注视宇宙，在**任何**方向，你的眼睛最终都会看到一颗恒星。[10]因此，天空必然永远像太阳一样明亮。但事实并非如此。这是一个悖论，因为论证合乎逻辑，但它的结论与证据相互矛盾。大爆炸的宇宙学模型给这一悖论提供了解决方案。

夜空之所以是黑的，主要原因是（1）当我们仰望太空时，其实是在回望宇宙黑暗时代，那时还没有恒星——那是宇宙历的1月。所以我们"看到"的黑暗就是恒星出现之前的太空。我们看到的恒星是从2月开始形成的，2月的光亮与1月的黑暗形成了对比。此外，恒星不会永远存在，它们会演化并消亡。奥伯斯误以为恒星是永存的。相比之下，尽管恩培多克勒的宇宙和奥伯斯的宇宙一样无限古老，但恩培多克勒宇宙学中的循环，巧妙地为解释无恒星的时期——宇宙黑暗时代——提供了可能性。因此，这一悖论不成立。

夜空之所以是黑的，其他原因还有（2）大爆炸的余晖充满整个太空，它们是微波，而非可见光。（3）由于宇宙的膨胀，渐行渐远的星系所发出的光比它们静止时的更红，更微弱。（4）年轻的宇宙有些凹凸不平，其密度因不同的位置而各异。因此，只有密度较高的区域才演化成了星系，而密度较低的区域实际上变成了星系之间几乎空无一物的空间。

另一个同样重要的问题是，白天的天空为何是明亮的？只有地球面朝太阳的那部分的天空在白天是明亮的（和蓝色的），因为被大气散射的阳光可以从天空的各个方向上看到。如果没有大气散射阳光（比如，月球上就没有大气层），那么无论是“白天”（地球的朝阳面）还是“夜晚”（地球的背阳面），它的天空都将永远是黑暗的——尽管有太阳（和其他恒星）的那一小部分区域会看到亮光。

物种的起源和演化

恩培多克勒在探究物种的起源及其对环境的适应的过程中，和阿那克西曼德一样，提出了一种基于自然选择的演化理论。起初，一些“不朽的”[11]（永恒的、不可改变的）元素以偶然的方式混合，造就出所有可以想象的会“殒灭的”[12]（暂存的）有机形态，“令人惊叹的奇迹”[13]。然而，它们只是人类、动物和植物的部件。因此，“很多没有脖子的头颅生长出来，没有肩膀的光溜溜的手臂四处徘徊，眼睛也上下游走，却缺了前额”[14]。也就是说，直到爱以无数种方式将它们混合，植物与动物的物种才得以形成。但只有适者方能存活，不适的物种都会死亡。例如，恩培多克勒认为，当人的头与人的身体结合时，这个生物就获得了适恰的形态并存活下来。但他还提出，当人的头与牛的身体结合时，这个生物就不适恰并会死亡。偶然的物质组合和自然选择（即最适者生存并适应）在恩培多克勒和现代生物学的演化理论中都是很重要的方面。

结论

恩培多克勒的多元论哲学是我们迄今所讨论的一元论哲学（即那些认为水、阿派朗或空气是唯一的基本物质实体的哲学，或巴门尼德的一元性哲学）的重要转折，因为它为最成功的古代多元论哲学（即留基伯和德谟克利特的原子论）铺平了道路。他们的理论需要无数的粒子——原子。但在原子论出现之前，自然哲学还必须见证另一种原创性极强的理论。恩培多克勒认为存在4种基本实体，但对阿那克萨戈拉的“努斯”来说，基本物质实体是无限多的，万物中存有万物。

Ω 万物中存有万物 

导语

阿那克萨戈拉（约前500年—前428）提出：“努斯［心智］把一切都安排得井井有条。”[1]因此，努斯有能力理性地理解自然。在他看来，秩序不是通过只考虑1种或4种基本实体就能实现的，要通过无数种基本实体来实现，包括金、铜、水、空气、火、小麦、毛发、血液、骨骼以及所有其他存在的实体。然而，与恩培多克勒的4种纯粹的元素不同，阿那克萨戈拉哲学中的实体并不纯粹。他的“万物中皆有一定比例的万物”[2]这一概念与量子理论最流行的两种解释——哥本哈根解释和多世界解释[①]——一样离奇。

① 多世界解释（many-worlds interpretation，MWI）是量子力学解释的一种。它假定存在无数个平行世界，并以此来解释微观世界的各种现象。其优点是不必考虑波函数坍缩。

万物中皆有一定比例的万物

每一块实体，无论大小（在任何放大倍率下），都包含着一定比例的万物——这个比例可以很大，但也可以无穷小。因为对阿那克萨戈拉来说，物质是无限可分的。因此，没有一种实体比其他实体更根本（即更小、更简单、更纯粹）。“每个事物体现最明显的就是它所拥有的最多的那些成分。”[3]例如，一块金子中既含黄金，也含其他物质——铜、小麦、毛发——但它只表现为一个独特的金色物体，因为它的黄金含量最高。然而，这并不意味着这个金色物体所含有的实体是纯粹的、并列的、分离的、可辨认的，且其中的纯金含量恰好更多。不是！正相反，无论我们从这样一个金色物体上切下多么小的一部分，这个部分仍然包含着一定比例的万物——它永远不会是纯金。一般来说，**任何**物体的**任何**部分都绝不会是纯粹的，因为一个物体（或其中的任何一部分）不可能既纯粹，又遵循“万物中存有万物”的法则。因此，虽然这是一个金色物体，但它的**每个部**

分（小块、长度尺度[①]）也**同时**是水、木、奶、血、骨、毛，以及所有其他质料。**而且**，在每一个这样的部分中，每一种质料与所有其他质料都拥有固定的比例。不仅如此——还有比这更加奇怪的。

一个物体不仅含有每一种实体的一部分，还有每一种**对立**性质的一部分。与实体一样，这些性质在一个物体中不是并列的，也不以某种方式分离，比如一个物体的右边湿，左边干。与此相反，“这个宇宙中的万物不是彼此分离的，也不能用斧头劈开，不是这边热，那边冷，也不是这边冷，那边热”[4]。或者可以笼统地说，物体的每个部分（如物体中的每个位置），就是一个物体**同时具有的所有性质**，并且它们彼此之间以固定的比例存在。比如说，阿那克萨戈拉认为，热的东西在某种程度上也是冷的。或者白色的雪在某种程度上也是黑色的——这种说法的非凡意味不亚于薛定谔的同时既死又生的猫。

① 长度尺度（length scale），指一个特定的长度或距离，其值被确定为一个数量级。

阿那克萨戈拉与哥本哈根解释

因此，对于阿那克萨戈拉来说，物体同时具有一切对立的性质，如热和冷、湿和干、硬和软、甜和酸、黑和白、亮和暗、密和疏、死和活、顺时针旋转和逆时针旋转。这是对自然的一种特别的解释，因为在观察一个物体之前，我们最多只能说它的存在状态是所有可能的结果的一种混合——它同时具有一切对立的性质，尽管每一种各有不同程度（份额）的贡献。只有在观察了物体之后，我们才能依据“它含有的最多的成分”来具体地描述它，比如它是金制的、黄色的、冷的、重的和干的。

值得注意的是，这种解释与最流行的量子理论解释——哥本哈根解释很像。哥本哈根解释提到，在观察之前，事物（一个电子或薛定谔的猫）同时具有一切对立的性质（潜在结果），每种结果都要由其实际出现的量子概率来描述。可以回想一下，在观察之前，薛定谔的猫如何同时既死又生（或者电子如何同时既顺时针自旋又逆时针自旋）。每一种潜在结果都有其实际发生的概率。哥本哈根解释称，只有经我们观察之后，才能确定那只猫到底是死是活（或者电子到底朝哪个方向自旋），以及一个物体到底是不是像阿那克萨戈拉所说的，绝对是金制的、黄色的、冷的、重的和干的。如果阿那克萨戈拉理论中比例的概念大体能与量子理论中概率的概念联系起来，那么的确，“万物［一个利益系统］中皆有一定比例［由量子概率描述］的万物［所有可能的结果］”。

阿那克萨戈拉之所以要求比例各异的所有性质必须同时在一个物体内的任何位置和任何时间共存，是因为他想始终与巴门尼德的论题保持一致，那就是非存在不会产生存在，存在也不会成为非存在。巴门尼德的论题所阐述的是，如果某些事物被观察到，它就必须始终存在。也就是说，如果一种性质不是一早就存在于一个物体中的各处，那么这个性质以后也不会出现。因为如果它后来出现，那就意味着存在可以从非存在中产生，但这不可能。因此，以一个热的物体为例，它内部的每个位置都同时包含热**和**冷，而且始终如此，只是比例不同。因为如果一个热的物体不包含冷，冷就肯定是非存在（至少对那个物体来说如此），它也就永远不会成为存在（冷永远无法成为现实，即无法成为存在的一部分）——那么这个热的物体也就不可能冷却了。

这一概念与哥本哈根解释有某种相似性，但也有一定的区别。就相似性而言，我们之所以能观察到猫是活的（或电子在顺时针自旋），是因为在观察之前，猫（或电子）的存在状态是所有可能的结果（包括对立的结果）的一种混合，是包含一定比例的活的性质（或顺时针自旋）**和**一定比例的死的性质（或逆时针自旋）的混合。在量子理论中，这种混合态可用数学表示，概率（用阿那克萨戈拉的话说就是比例）最高的结果是最有可能被观察到的。

阿那克萨戈拉对热的物体的看法也与此类似，他认为，人们之所以能观察到它是热的，是因为在观察之前，这个物体的存在状态就是包含了一定比例的热和冷的混合，但热的比例最高。

但阿那克萨戈拉的解释比哥本哈根解释还要大胆。阿那克萨戈拉坚称，所有性质同时存在（包括对立的性质）的概念始终正确，就算在观察之后也一样。因此在他看来，即使我们观察到猫只是活的（或者电子只在顺时针自旋，抑或物体只是热的），它也依然既死又生（或者电子仍朝两个方向自旋，抑或物体既热又冷）。但在哥本哈根解释中，经观察后，猫只是活的（或者电子只在顺时针自旋，抑或物体只是热的)。尽管我们只观察到一种性质，猫看起来就只是活的(或者我们探知电子只在顺时针旋转，或物体只是热的)，可对阿那克萨戈拉来说，其他性质也始终存在。他坚持这一点，只是因为不想违背巴门尼德的论题，也就是如果一种性质不复存在，那将意味着那部分存在变成了非存在。那么，在这点上，阿那克萨戈拉可能也是对的吗？即使我们观察到猫只是活的，它也能以某种方式既死又生吗？

阿那克萨戈拉与多世界解释

问题很迷人吧，没错！根据多世界解释——第二流行的量子理论解释，即使**我们**观察到猫是活的(或电子在顺时针自旋)，在**另一个宇宙**(世界、现实)里，猫也是死的(或电子在逆时针自旋)！也就是说，在我们的宇宙中可能发生但并未发生的结果仍然会在另一个宇宙中发生。一般来说，在我们当前的现实(宇宙)中可能发生但并未发生的所有结果，会作为分支成为平行(即不同)宇宙中的另一种现实(在那里它实现了)。因此，每个平行宇宙都有自己独有的现实，由本可以在我们的宇宙中发生但并未发生的事件构成。[5]

因此，多世界解释比哥本哈根解释更符合阿那克萨戈拉的理论以及巴门尼德的论题。因为巴门尼德的存在（即存在的万物）很容易被解释为包含所有可能的观察结果。而在多世界解释中，不仅在观察之前，所有可能的结果（甚至对立的结果）都在混合中共存，是存在的一部分（阿那克萨戈拉的理论也有此要求），而且在某种意义上，这些结果将继续共存，因此，即使经观察之后也仍然是存在的一部分（这也符合阿那克萨戈拉的观点）。每种可能的结果都会发生在其自身所在的平行宇宙中，即使在我们的宇宙中并未观察到这种结果发生。然而，在哥本哈根解释看来，虽然在观察之前，所有可能的结果都在混合中共存，并且是存在的一部分（这也符合阿那克萨戈拉的理论），但在观察之后，只有被观察到的已经发生的状态会继续存在（作为存在的一部分），而没有被观察到的状态就不再存在了，就好像曾经存在的事物，即存在的一部分变成了非存在（这种情况明显有违阿那克萨戈拉的理论和巴门尼德的论题）。若只考虑巴门尼德的论题，量子理论的多世界解释可能要比哥本哈根解释更准确。

分形思想的先驱

阿那克萨戈拉是分形思想的先驱。[6]他的“万物中皆有一定比例的万物”以及“一个物体就是它含有的最多的成分”的哲学意味着，如果我们能以**任意长度尺度**（任意倍数）放大某个特定物体，比如一个金色物体，那么我们始终能观察到相同的重复的模式（结构）。这是因为，所有物质（牛奶、蜂蜜、黄金等）在**整个**金色物体中**同时**以同一比例共存。例如，在一个金色物体中，黄金的比例比所有其他物质在所有长度尺度上的比例都大。总体而言，阿那克萨戈拉的物质理论认定，物体的任何一部分（无论多小）看起来都与其更大的自身一样——就像俄罗斯套娃。这种普遍的自相似性——在所有长度尺度上都维持着固定的模式——无疑是“分形”思想的典型特征。

海岸线就是分形的一个例子，无论选取的海岸线段是长是短，它的形状都大致相同。分形在艺术、数学（如科赫曲线①）、生物学（如某些植物的叶子、大脑[7]）、物理学

---

① 科赫曲线（Koch snowflakes）是分形曲线的一种，它是像雪花的几何曲线，也称雪花曲线。

（如临界相变①）和宇宙学中无处不在。[8]在一个分形（或分层）的宇宙里，人们设想星系会形成星系团，星系团会形成超星系团，超星系团继而又会形成超超星系团，以此类推，但始终保持着某种初始的星系团模式（见图2和图3）。到目

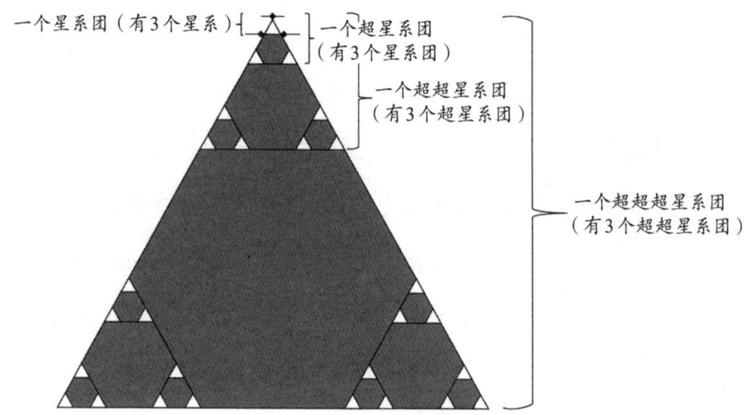

图2 二维三角形分形宇宙

① 临界相变（critical phase transition）是指在某个临界点，物质的某些物理性质（如物相、密度、电导率、磁化率等）可能会突然发生变化。在临界相变的过程中，物质内部的微观结构可能会发生复杂的重排，形成宏观尺度上的分形结构。这些分形结构会在临界点附近表现出独特的性质，如自相似性和尺度不变性。

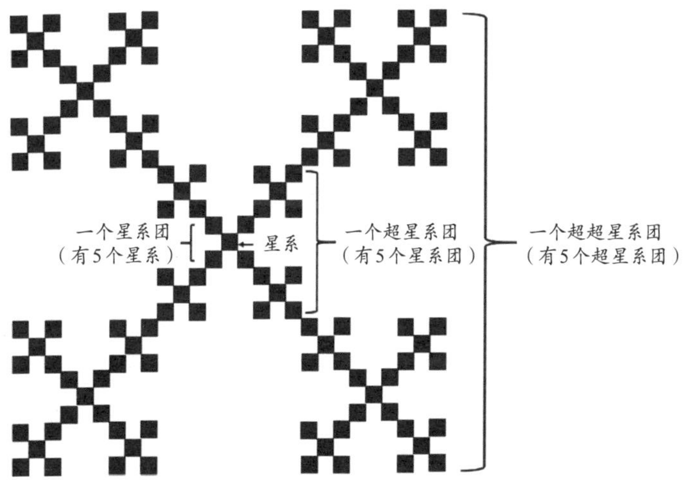

图3　二维正方形分形宇宙

前为止，分形宇宙还只是一种宇宙学假说。但临界相变的分形性质是一个事实。

以水从液体到气体的相变为例。在1个大气压下，水的沸点是100℃。液态与气态在这两个值下共存，每种物相都保持其独特的属性（例如，水的密度比水蒸气的大）。沸点会随着压力的增加而升高。但在374℃的特定温度和218个大气压之下，一些非常特别的重要的**临界**现象发生了。那时，不再有两个截然不同的物相共存，只有一种分形的流体相——**超临界流体**。这种超临界流体相的结构持续波动，前所未有地剧烈，不同尺寸的气泡和液滴无处不在地混到一起，形成、消融、交换它们的性质（物相），并将实体转化成一种完美的分形——在**所有**放大倍数下，这些混杂的气泡和液滴始终都以相同的模式持续存在，这和阿那克萨戈拉的物质理论一致！在正常物相（固态、液态、气态）中，水分子之间的协同作用是短距离的，它只会延伸到最近的邻居那里。这就好比你（一个分子）牵着两个朋友的手，而他们也只牵着最近的邻居或朋友的手，以此类推。相比之下，在一种超临界物相中，协同作用是长距离的，会贯穿于整个实体中，因此更强。这就好比所有人都是朋友，所有人都有很多手来牵住每个人，而且在所有组合中都是如此，无论彼此的远近如何。这种长距离的关联性正是临界相变中分形普遍性得以保持的原因，即使在实体剧烈波动的情况下也一样。相变的临界点就是“[完美的分形普遍性]将无聊的秩序和无用的混乱分隔开来的最佳位置”[9]。

阿那克萨戈拉的“万物中存有万物”还有一种有趣的普遍应用。

完美的“万物中存有万物”

万物中皆有一定比例的万物，它有一个终极例证，即宇宙大爆炸的奇点。人们假设宇宙在138亿年前的原始状态只是一个点。“万物中”——亦即奇点中，奇点**本身**就是存在的万物，是整个宇宙——有“一定比例的万物”，包括物质、能量、空间、时间，以及它们所遵循的法则（或终极法则）。宇宙之所以多样，之所以有行星、恒星、人类和植物，是因为——正如阿那克萨戈拉给出的解释——万物中只有一定**比例**的万物，“每一个事物体现得最明显的就是它含有的最多的成分”。

不过，现在还有两个令人费解的问题：（1）如果“万物中存有万物”这一观念就奇点而言是正确的，那它为什么不是永远正确的？（2）多元性，或者说今天所有美丽而多样的自然能从绝对的一元性——奇点中展开吗？两者都是未解之谜。

对于第一个问题，阿那克萨戈拉肯定会这样回答：无论何时何地，“万物中都存有万物”。对于第二个问题，阿那克萨戈拉、恩培多克勒和德谟克利特这三位多元论者都认为，多元性必须是绝对的。也就是说，多元（多）不可能出自一个最初的奇点（最初的一），一个奇点（一）也不可能出自最初的多元（最初的多）。然而，自然到底是一元的还是多元的，这个问题还有待回答。对于奇点的假设是存在问题的。我们的努斯（心智）能了解自然的本质吗？让人意想不到的是，阿那克萨戈拉曾假设只存在于生物中的努斯是唯一纯粹的东西，在一个“万物中存有万物”的“不纯粹”的宇宙中保有纯粹。然而，人类的思考能力的源头是什么？为什么人类会拥有聪明的（而且也是我们所知的所有物种中最聪明的）努斯？

从行走到思考

阿那克萨戈拉认为，人类优于其他动物的原因在于手。虽然其他灵长类动物偶尔也会直立行走，但只有人类是习惯直立行走的，因此，只有人类永久地解放了前肢，并一直将其作为手来使用。人类的这种独有的特质对自身的生物性演化和智力演化都十分重要。在约320万年前，阿法**南方古猿**祖先露西少女在“决定”直立行走时，意味着她的两肢开始进化为手，这增加了她使用和制造工具的潜力。制造工具会刺激思考（包括无声的和发出声音的思考，因此也激发了言语能力），这反过来又完善了工具的制造，继而刺激了进一步的思考，这种不断的循环最终促进了技术和智力的发展，并使得露西的远亲——**智人**（我们）——确实在智力上优于所有其他动物（至少在地球上是这样）。因此，这种优势的源头可能确实是手。真正引发这一发展的是脊椎的一次纯偶然的突变，它使得我们的原始人祖先能够直立行走，将前肢进化为手，从而变得更适应环境，并进一步被自然所选择。

直立的姿势（以及后来自由的双手）、言语能力和复杂的大脑（努斯）都是人类最独有的特征，也是我们的智慧之源。大脑是行动的中心。言语能力由左脑控制，而掌管我们双手动作协调性的是这个器官的后部。这种协调性需要实实在在的几百万年的演化才能为人类所掌握，在此期间，大脑驱动着手，手反过来也在驱动大脑，这两种器官的功能都在增强。与目前其他物种的手和大脑相比，人类的这两个器官都来到了高级演化阶段。如果没有这种演化，我们就无法造出我们的第一批工具，也不会堆砌石头，建造房屋、金字塔、帕特农神庙、帝国大厦，抑或发明手机、电脑、宇宙飞船、核磁共振成像技术或激光，更不可能拥有其他更抽象的领域的活动，比如宗教、哲学、科学和艺术。

然而，与此同时，我也很好奇这种脑和手的彼此强化是否有其边界。更严肃的是，我还想知道，我们的大脑思考出了精巧的科学，我们用双手打造的大量的技术带来了什么样的风险？我们是不是越来越仰仗机器来替我们思考，越来越依赖药片来拯救自己，就算冒着身心都被削弱的风险？如果是，那我们天生具有的能力可能就会萎缩，我们的演化可能会停滞。我们甚至可能会退化，因为习惯对人类能否演化是有影响的。也就是说，习惯会通过教育以文化形式传递，也可以通过复杂而不易察觉的途径改变环境。反过来，环境可以通过生物演化的自然选择过程来控制物种的演化方向，从而影响物种。

伽利略的名字常常与宗教和科学之间的第一次重大冲突联系在一起。他曾因支持日心说而遭到罗马天主教廷宗教裁判所的审判，当时教会认为这与圣经中有关地球在宇宙中心不动的说法（即地心说）相悖。但实际上，首先引发这种冲突的其实是阿那克萨戈拉的科学。雅典民主城邦曾指控他亵渎神明，因为他认为“太阳是一块炽热的石头”[10]，而不是一位神。他因此受到审判并被判有罪。尽管他的门生、著名政治家伯里克利（Pericles）曾为他辩护，但他最后仍被流放，也有人说他被判了死刑。阿那克萨戈拉是一位具有原创性的思想家。他曾因正确地解释了日食和月食的原理和向雅典人介绍哲学而颇有声名。有人问他志在何方，他答曰:“对太阳、月球和上天进行理论研究。”[11]当有人告诉他“你被雅典人除了名”时，他答道:“不，是他们被我除名了。”[12]

结论

物质的本质是无限可分的（没有最小的碎片）还是有限可分的（终极的最小碎片构成了万物）？这仍是一个悬而未决的问题。阿那克萨戈拉支持前一种观点。但留基伯和德谟克利特支持后一种，他们觉得，物质是原子的，因此由不相连且不可分的名为原子的碎片构成，原子被空的空间包围。真正使科学发生了革命性变化的是物质的原子论，而它已有2 500年的历史。

Ω 物质原子与能量原子 ∞

导语

对物质原子性的认知或许是古代乃至有史以来最伟大的科学成就。德谟克利特（约前460—前370）说道："除了原子和虚空，别无他物。"[1]他将物质多样性的原因归结为它们都是不可分的原子的复杂聚合体，原子是物质的构成要素，它们就在虚空——它们之间的空的空间——中移动。活跃于公元前440至前430年间的留基伯创立了原子论，德谟克利特这位真正的博学家和多产的哲学家则广泛地发展了原子论。现代的基本物质粒子——夸克和轻子——也是"不可分的"（这是**原子**一词在希腊语中的实际含义）。尽管虚空仍是一个存在争议的概念，但解释自然现象确实需要某种虚空。

原子

古代的原子

在古代的原子论中，原子是不可分割的最小物质碎片，它们被虚空包围而彼此分离，需要有这种缺乏物质的空间来使原子发生运动。原子是不可见的、不可穿透的、坚固的（绝对坚硬）、不可摧毁的、永恒的、不可改变的、非创生的（不由其他更基本的事物产生）和不朽的（不会转化为其他更基本的事物）。因此，原子就像许许多多巴门尼德的存在。与恩培多克勒的元素（4种不同的已知实体）或阿那克萨戈拉的元素（无限多的实体）不同，所有原子都由同一种物质（但不是任何一种日常物质，如水或空气）构成。原子没有内部结构（它们是同质的），只是大小和形状不同。它们唯一的行为就是运动，在无限的虚空中漫游。虚空中存在着无限多个形状各异的原子：有棱角的、凹的、凸的、光滑的、粗糙的、圆形的、尖锐的等等。

原子的运动是永恒的（所以根据赫拉克利特的世界观，变化也是永恒的）。运动本身是持续进行的，并不需要一种力（或一般原因）来达成。运动是持续不断的，这最早是伽利略通过实验发现的。后来牛顿通过他的第一运动定律重申了这一事实，该定律也叫“惯性（惰性）定律”，指一个物体因为惰性会保持静止或匀速运动状态，直至受到外力的影响。原子的运动也被认为是随机的，因为空间被正确地假设为各向同性（没有特殊的位置或方向，也就是说，空间没有绝对的上、下、左、右、内、外、中心或边缘）。因此，如果任由原子运动（不加干扰），它们没有理由偏好某种运动方式——所有运动方向都有一样的可能性。留基伯和德谟克利特没有解释运动，他们简单地假设运动一直存在，没有开端。事实上，原子和虚空也被假设为一直存在。这种不解释运动原因的态度受到了亚里士多德的强烈批评，[2]尽管不解释原因的假设其实是一个正常的科学程序。我们需要牢记，假定某个开端为事实，并由此出发，以带有因果关系的和理性的方式来理解自然，这是科学研究的唯一途径。科学必须从某种事物开始（它可以是一个假设、一条公理、一个主要原因），不能始于虚无（非存在）。对德谟克利特来说，原子、虚空和运动都是主要原因的一部分，而且根据其定义，主要原因本身不需要原因。

原子移动时会相互碰撞、反弹和旋转，有些原子也会勾连到一起（只要它们的形状是互补的），并以多种排列的方式聚集，形成各种宏观（复合）物体，看起来像“水或火，植物或人类”[3]。有的还会脱钩并离散，使物体变形（被毁坏）。当原子聚集时，物体就会形成并增大；当原子分离时，物体就会变形并缩小（即消亡）。就像亚里士多德解释的那样，“tragedy”（悲剧）和“comedy”（喜剧）是由同一个字母表中的字母（可将字母视为原子）以不同的方式组成的两个词。当原子通过运动在空间中以各种形态排列时，就形成了自然界中巨大而繁多的物体。[4]事实上，留基伯和德谟克利特正是为了准确地解释自然界中的这种多样性才需要原子的:“真正的‘一’无法产生‘多元’，真正的‘多’也无法实现‘一元’。但这不可能①。”[5]值得一提的是，对德谟克利特来说，虚空中不可见的原子的聚散不仅产生了我们自己的世界（包括地球、月球、太阳、行星、恒星、植物、鱼类、动物，也包括人类），也产生了无数其他世界。最新的天文发现表明，类地行星（因此也是宜居的行星）在

① 此处是亚里士多德认为不可能。

宇宙中很常见！

原子并没有物质的常见属性，如颜色、味道、气味、声音、温度甚或重量。德谟克利特认为，这一点只表明不同的人对不同的物体有不同的感知。对我来说甜的东西对你来说可能是辣的。德谟克利特说："对有些人来说，蜂蜜的味道是甜的，对另一些人来说是苦的，但它其实既不甜也不苦。"[6]因此，他根据原子的形状及其在虚空中的运动解释了常见属性：形状和运动引发了独特的（物体和人体中的）宏观排列方式，从而产生了独特的常见（涌现）属性。例如，相较于软物体，硬物体的原子会更紧密地堆积在一起，它们之间的空的空间（虚空）也更少。而软物体的原子有更多的虚空可以四处漫游，它们可以更容易地被推到虚空之中。因此，这样的物体才让人感觉可以挤压，而且很柔软。金属由带钩子的原子构成，这些钩子把原子紧紧钩连在一起；液体由圆形的原子构成，所以它们可以很容易地在彼此间流动；甜的物体由大小适中的圆形的原子构成；苦的物体由圆滑的、扭曲而短小的原子构成；酸的物体由尖锐（所以能刺痛舌头）、身有棱角、弯曲而细长的原子构成；油腻的物体则由纤细、圆滑而小巧的原子构成。甚至光也是由原子（粒子）构成的。顺便一提，爱因斯坦就用离散的粒子——光子——解释了光（纯能量），从而获得了诺贝尔物理学奖。黑色、白色、红色和黄色曾被视为原色，而且与原子的不同形状和排列有关。[7]这4种颜色的组合可以被用来逐个解释所有的颜色变化。德谟克利特提出了一套关于感觉的详细理论。总的来说，他认为，即使一个复合物体看起来处于静止状态，其原子的不断运动也会持续，导致其中一些原子被该物体抛射出来。这些原子在虚空中飞行，最终与某种感官原子相撞，创造出一种独特的感觉（味道、气味、颜色、图像）。

感官知觉的表观世界的一切变化——无论有无生命——都被归因于不可还原的原子及其在虚空中的运动。这种科学还原论可谓雄心勃勃。从原理上讲，它也是现代的基本物质粒子（夸克和轻子）理论的目标。不过，虽然这些现代物质粒子与古代的原子有着惊人的相似之处，但也存在着重大的差异。为便于比较，我们可以将古代的原子称作“德谟克利特原子”或“D原子”，将今天的物质构成要素（夸克和轻子，quarks and leptons）称作“QL原子”。

D原子和QL原子：共性与差异

在比较二者之前，我们先简要总结一下寻找D原子这一终极的不可分的物质碎片的发展历程。19世纪末以前，化学元素周期表中的氢、碳、氧等化学原子一直被视为基本物质粒子，即D原子。但当人们进一步探索化学原子的结构时却证明了这个观念是不正确的，因为人们发现原子是可分的，它由电子和原子核构成。1897年，物理学家约瑟夫·约翰·汤姆逊（J. J. Thomson，1856—1940）发现了电子；1911年，他的学生、物理学家欧内斯特·卢瑟福（Ernest Rutherford，1871—1937）发现了原子核。电子（6种轻子之一）至今仍被视为不可分的，但原子核不是。原子核由可分的质子和中子构成，而二者又由不可分的夸克构成。20世纪60年代，人们推测有6种夸克作为基本粒子存在；到20世纪末，这6种夸克都已被发现。因此，化学原子并不是基本粒子，它们有亚结构（可分），实际上是由QL原子构成的。在柏拉图的洞穴寓言中，影子**是**真实的，但并不是真实的**物体**。就像这影子一样，化学原子**是**真实的，但也不是真正的**基本粒子**（留基伯和德谟克利特所设想的物质的最小部分）——“原子”这个名称被不恰当地贴在它们身上，当“原子”被用来指代化学元素时，实际上是用词不当的（不准确的）。

另一方面，D原子和QL原子都是基本粒子，因为它们不是由其他粒子构成的，它们是离散的物质碎片，不可分（不可切割），不可见，并且最小，它们的各种组合构成了宇宙中的所有物质。D原子和QL原子都不具备复合物体的任何常见属性。这些属性实际上是构成这些物体的D原子和QL原子的集体表现的结果。

D原子是不可变的，它们不会转化。但QL原子可以，它们会从一种物质粒子转化为另一种，也能转化为能量（但不会转化为更基本的东西）。就像物质一样，能量也以离散束的形式出现，比如粒子（光子）。因此，留基伯和德谟克利特的关于“离散性是自然的一种属性”的观点得以保留，并同样适用于能量。此外，就像由相同的实体构成的D原子一样，QL原子也由相同的实体构成，即质量和能量（根据狭义相对论，它们是等价的）。由于D原子坚不可摧，构成它的实体也一样坚固，QL原子的实体也是。因为宇宙中所有质量和能量的总和是恒定的（遵循质量–能量守恒定律）。因此，在自然界不断变化的同时，古代原子和现代原子的实体都是持续存在的。

D原子有形状，因此尺寸非零；QL原子被认为是点，因此没有形状和尺寸。[8]这两种观点都很简洁，也都会面临挑战。对于D原子，我们需要想象各种复杂的原子形状，但不必担心力。德谟克利特没有引入任何力（这个话题稍后再论）。他解释说，一方面，D原子会因永久运动和它互补的形状而结成复合物体，而且复合物体有尺寸，因为它们是由本身就有尺寸的D原子构成的。另一方面，QL原子并无形状和尺寸，但仍会结合。它们会通过力的粒子（光子、W玻色子、Z玻色子、胶子，还有引力子，如果找得到它们的话）的交换来实现这一点。在某种意义上，“点没有形状”是一种很简化的说法，因为这意味着QL原子和D原子都没有结构。但其实它也有一定的复杂性，因为在空间中，零尺寸、零广延①的东西怎么会有质量、电荷、能量、自旋等属性呢？更糟糕的是，若复合物体的构成要素没有尺寸和广延，复合物体本身又怎么会有尺寸和广延？在巴门尼德理论的语境中，“尺寸”问题可以被这样重述：尺寸如何从

① 广延是指物质所占据的空间范围，包括物质的长、宽、高等维度。

非尺寸中产生？也就是说，存在（宏观物体的非零尺寸）如何能出自非存在（零尺寸的构成要素）？这对巴门尼德来说是不可能的。德谟克利特假设物质不能无限可分（可切割），从而解决了这一尺寸的难题：物质必须是有限可分的，其最小部分不可分，此即不可切割的非零尺寸的D原子。只有当复合物体是由本身就有尺寸的东西构成的，它们才能有尺寸。有趣的是，弦理论的弦**确实**有尺寸。如果这些被证明是存在的，那我们就无需担心尺寸（存在）出自非尺寸（非存在）了，这个论点会让巴门尼德和德谟克利特都感到高兴。关于尺寸的挑战还会在“有没有虚空？”一节中再度讨论。

一方面，假定D原子会运动是为了解释表观世界和变化。另一方面，从现代观点来看，由于运动是一个模糊的概念，假定QL原子会运动也只是用来理解现象的一种称手的方式。此外，在量子理论中，物质粒子（QL原子）在某种意义上并不那么有物质性，因为人们一度认为物质粒子应该具有物质才有的关键属性，但它们没有。它们并不恒久，并不坚不可摧，并非不可改变，也不具有确定性，而且没有明确的形状或在空间和时间中穿行的轨迹，故而也没有同一性和个别性。所以，我们最好将QL原子视为事件，而不是永久的巴门尼德的存在式实体（如D原子）。量子概率可以最有效地描述QL原子的属性，数值表示的只是潜在的事件。例如，我们可以观察到的是哪种QL原子，以及它在哪里，有何属性和表现。

QL原子是物质的最小部分吗？它就是最终的D原子吗？人们通常不这么认为。QL原子是不是同一种普遍实体或粒子的不同形式？如果是，那这种普遍实体或粒子有可能是什么？虽然希格斯玻色子具有普遍实体所需的一些性质，但预测它们存在的标准模型并不包含宇宙中最令人费解的力，即引力。因此，即便模型有用，不包含引力的任何自然模型也都是不完整的。

古代原子论的基本概念受到了诺贝尔奖获得者理查德·费曼的高度评价。他说："如果在某场大灾难中，所有的科学知识都被销毁了，只有一句话传给下一代，那么，什么样的话语才可以用最少的词表达最多的［科学］信息？我认为是**原子假说**（或原子**事实**……），即**万物都是由原子构成的——这些微小的粒子在永恒地运动，四处游走，它们在相隔一小段距离时相互吸引，但在相互挤压时又相互**

排斥。单是这一句话，你就能发现关于这个世界的大量信息，只需用一点点想象力和思考。”[9]此外，诺贝尔奖获得者利昂·莱德曼曾在其著作《上帝粒子》（*The God Particle*）中，给数千名科学家（包括他自己）在追寻宇宙基本实体方面达成的成就评了分。他从泰勒斯的成就开始，一直评到1993年的成就，亦即这本书完稿之时。德谟克利特是获得“全班”唯一的A的那一位！[10]

因此，作为一般**概念**，D原子，即构成万物的不可切割的离散的基本物质碎片，仍然是我们最先进的自然理论的一部分，因为这些基本却重要的属性也是QL原子的属性——事实上，也是弦理论中的弦的属性。然而，真正不可切割的离散的基本物质碎片到底是什么？是QL原子（连同标准模型中的载力粒子以及希格斯玻色子，总共有61种粒子都已证实存在），还是一大堆其他未经证实的物质粒子和能量粒子（包括其他各种科学模型所预测的引力子）？抑或一些通过常见的粒子表现出来的**同一类型**的新粒子（这是人们非常希望看到的德谟克利特式的宏大的科学简洁性）？这个问题还未见分晓。那么虚空呢？它到底存不存在？它是必需的，还是可以避免的？

有没有虚空？

原子论者留基伯和德谟克利特称原子这种**事物**为存在，称**虚无**（**非事物**）为非存在。[11]他们认同巴门尼德的理论（至少认同那是一种解释，这种解释在字面上确实理解了存在的性质），即没有虚空就不可能有运动。巴门尼德认为，虚空是非存在，由此否定了它的存在。但这些原子论者的假设正好与之相反，他们认为，非存在，即虚空，是存在的，因为只有这样才能解释运动和变化。虚空是容纳原子并使其能够移动的地方。对于原子论者来说，虚空就是空的空间，所以**里面**什么都没有。但对于巴门尼德来说，**虚空，即空的空间本身**就什么都不是，是虚无，即非存在，而不是它**里面**什么都没有。自巴门尼德的时代以来，虚空的性质引发了各种令人感到惊异的辩论。因为如果某种事物，如虚空，真的什么都不是，它怎么可能存在呢？我们要如何定义“虚无”？答案并不简单。

但我们还是先概括一下德谟克利特支持虚空的论点吧。他认为，运动、变化和多样的现象是真实的，从而推断虚空也是真实的，因为没有虚空，他那不可穿透也不可分的原子就无法移动，变化和多样的现象也就不会出现。但它们确实出现了，所以虚空必须是真实的。同样地，他认为复合物体的多样性和分隔也是真实的，由此再次推论虚空是真实的，因为若无虚空，复合物体就无法被分（切）成更小的碎片："物体中存在虚空才产生了分隔。"[12]哲学家和数学家伯特兰·罗素（在解读德谟克利特的论点时）进一步解释道："当你用一把刀切苹果时，就必须找到刀可以穿透的空的地方。如果苹果不包含虚空，它将无限硬，因此在物理上就不可分。"[13]这方面我们可以回想一下，对德谟克利特来说，可分性不会永无止境地持续，它只适用于复合物体，止于物理上不可分的原子。因此，对德谟克利特来说，原子和虚空都是真实的："事物［原子］是存在的，非事物［虚空］同样存在。"[14]

那么，现代物理学如何看待虚空呢？它到底存不存在？它是真的什么都不是，即巴门尼德的非存在，还是别的什么东西？虽然"自然厌恶真空"[15]是文艺复兴时期以来的一句流行语，但"若没有虚空，就什么也动不了了"[16]。

有虚空？

一方面，对于理解众多现象，虚空仍是一个很有用的概念。例如，根据量子理论，化学原子中的电子会保持彼此之间的距离，如此在原子核周围“移动”，就好像它们之间的空间是空的，并没有物质——“这是一种防止过度拥挤的规则”[17]，学名为泡利不相容原理。这一原理的结果是，化学原子的电子会彼此保持距离，它们不喜欢挤在一个小区域里，所以表现得就像它们是刚性的：它们彼此越接近，就移动得越快，也会越快地分开——这一说法符合海森堡不确定性原理，即位置和速度的不确定性成反比，所以粒子的受限区域越小（其位置的不确定性越小），它逃离这个区域的运动速度就越快（其速度的不确定性越大），“它［该粒子］几乎就像患有幽闭恐惧症一样受尽折磨。”布莱恩·格林恩写道。[18]这种不相容原理解释了为何化学原子中的大部分是空的空间，以及（由化学原子构成的）宏观物体为何具有一定程度的刚性、大小和形状——例如，这些微小粒子之间的距离转化成了宏观物体的大小和形状。D原子是刚性的，因此在某种意义上，它们也遵循这一防止过度拥挤的规则，因为两个D原子不能占据同一个空间区域。如果不相容原理是错误的，那么遵循它的QL原子就不会作为不相连的物质碎片而持续存在，原子核也就不会形成，化学原子或有机化学分子也概莫能外，因此构成生物的物质也不会形成。一般来说，在这种设想下，所有物质都会坍缩成统一的、未分化的无生命状态。自然界的多样性在某种意义上是不相容原理的结果：多样性是一种自然法则！

没有虚空?

另一方面（也就是为了能解释其他现象），在量子领域，虚空并不是真的没有物质，而是一个非常繁忙的地方，遍布着无处不在的能量场（例如，光波和引力波，乃至解释质量所必需的希格斯场，参见“无力世界”一节），被称为“真空能量”（vacuum energy）。这些场不可能什么都没有，即使在看似空旷的空间里也不会是零，因为这违背时间–能量的不确定性原理（回想一下“不变的宇宙”的“没有什么能无中生有”一节）。它们实际上在不断地波动，产生并湮灭粒子对及其相应的反粒子对。这些粒子名为“虚粒子”（virtual particles），它们不是从无中创生出来的，也不会湮灭为无，而是由能量生成并复归为能量（真空能量）。与可以直接观测到的真实粒子不同，虚粒子无法被直接观测，尽管它们仍可对真实粒子产生可测量的影响（表明“空的”空间实际上不是空的）。

此外，根据广义相对论，整个空间都被一种引力场填满了，这一引力场的属性（如强度）在任何地方和时刻都有所不同。爱因斯坦给“空的”空间添加了**属性**，从而解释了引力。空的空间（和时间）是一种被质量扭曲的灵活媒介，而引力就是空间（和时间）的扭曲。这些**属性**构成了虚空，所以在广义相对论中，虚空并不是巴门尼德的非存在，因为真的非存在是虚无，且没有属性。

此外，人们在1998年借助哈勃太空望远镜完成了一项天文观测，发现宇宙正在加速膨胀——因此，今天测量的某个星系的远离速度会比昨天测量出来的更快。这种加速膨胀被归因于暗能量的存在（尽管很勉强）。人们假设暗能量弥漫于宇宙之中，它会拉伸空间并使其持续加速膨胀，由此起到了一种反引力的作用。尚未被探测到的暗能量是宇宙中最令人费解的谜团之一。另一个巨大的谜团是暗物质，尽管暗物质因不发光而不可见，但人们仍可以通过它对邻近恒星施加的引力来间接地推断出它的存在。没有人知道是什么导致暗物质不可见。“暗物质会吸引［它会吸引恒星］，暗能量会排斥［据推测，它会把各星系推离开，并导致宇宙膨胀］。”[19]

普通物质，也就是我们可以看到的，组成花朵、人类、行星、恒星和星系的物质，只占宇宙总体事物的5%左右，其余的95%有暗能量和暗物质。它们是我们既看不到也对其知之甚少的事物，尽管它们难以察觉的存在可以用某种方式推断出来。[20]就算太空是“空的”空间，也是虚粒子、光、引力、暗能量、暗物质、普通物质、希格斯玻色子甚或弦不断疯狂活动的场所，谁也不知道里面还有什么。太空肯定不是巴门尼德的非存在（**绝对的**无），因此我们要再次强调，任何科学理论都不能将其开端、第一因、公理建立在绝对的“无”或非存在之上；科学必须从某种事物开始，而这个事物究竟是什么已变得越来越复杂。事实上，即使留基伯和德谟克利特的“无”（他们的“虚空”概念）其实也不是无，因为从现代物理学的角度来看，“它［虚空概念］是几何学和运动学的载体，为原子的各种排列和运动提供了条件”[21]。

令人着迷的是，在德谟克利特的设想中，这些原子的排列和运动并不需要有引力、电场力或磁力。对D原子来说，除了它们之间直接碰撞造成的物理接触，它们并没有承受其他力！D原子没有重量，也不产生引力。[22]这怎么可能呢？怎么可能存在一个没有引力和一般的力的世界呢？

无引力世界

重量或引力（即物体下落的趋势或重这一属性）不是原子的基本特征之一，德谟克利特通过运动——尤其是旋转运动——巧妙地解释了这种属性。[23]

德谟克利特认为，运动是混乱的，但在拥有无限原子的无限空间中，总有概率能让某个区域的大量原子集体朝一个偏好的运动方向移动——尤其做旋转运动——并产生涡旋。他认为，这种涡旋的旋转运动最终会导致较大（质量更大、更重的，就像我们今天考虑引力时所说的那样）的原子向其中心移动，最终形成土地和土地上的水；而较小（更轻）的原子则会向其外围移动，最终形成空气、天空和恒星。因为我们世界体系的动力学始终是旋转的（例如，天空相对于我们旋转，从某种意义上说，移动的云朵也是如此），德谟克利特还认为，岩石这类由较大原子构成的物体始终会下落，而像蒸汽、烟雾或火这类由较小原子构成的物体则始终会上升。另一方面，他认为空气通常不会下坠，因为它会快速旋转，就像水在快速旋转时不会从杯子中洒出来一样[①]。就观察来说，他的分析合乎逻辑，因为他认为，土由较大的原子构成——是在他所谓“涡旋的中心”形成的，由较小的原子构成的水位于土地之上，由更小的原子构成的空气则位于水和土地之上。

但就涡旋的动力学而言，实际的情况是相反的：大质量的物体趋向于朝涡旋的外围移动，而较轻的物体则朝涡旋的中心移动（比如离心机就是这样的，它是一种用来分离不同物质的设备）。虽然德谟克利特的解释是错的，但他仅通过原子的一个基本属性——它们在虚空中的运动——就成功地对世界做出了巧妙的解释，与此相比，错误可以说微不足道。这样看来，他认为重力或引力是不必要的，即便苹果落下时像有一股力在把它拉过空间。传说就是掉落的苹果启发了牛顿构想出万有引力理论，该理论认为，引力就是一种力，但它最终被爱因斯坦的广义相对论推翻了。

---

① 这里是指倒放的水杯。

为何会这样？量子理论对一般的力又有什么说法呢？

无力世界

牛顿认为，苹果和地面，或者太阳和地球之所以会感受到彼此的某种吸引力，是因为存在一种神秘的超距作用（不要与量子纠缠的超距作用混淆），但他也承认自己并不理解这种作用。如果相互作用的物体彼此并不接触，引力又是如何传递的呢？如果两个物体之间只存在空的空间，它们之间实际上也没有交换任何具体的东西，那它们是怎么感觉到彼此的呢？它们是如何交流的？苹果怎么知道地面在下方，而它应该掉下来呢？牛顿的引力理论相当准确地描述了苹果是如何下落的，却不能解释它为何下落。引力的根源是什么？

根源就在于空间。爱因斯坦通过其广义相对论发现，是空间推动了苹果。说得更具体一点就是："物质［太阳、地球、苹果］告诉空间如何弯曲［回想一下'不断变化的宇宙'这章中蹦床的比喻］，空间告诉物质［和光］如何运动。"[24]物理学家约翰·阿奇博尔德·惠勒（John Archibald Wheeler，

1911—2008）用这一句话就总结了广义相对论！光（像物质一样，比如蹦床上的弹珠）也沿着大地线（geodesic，即弯曲空间中两点的最短距离，并非直线）移动，快速地穿过弯曲的时空（扭曲的蹦床织物），当经过太阳等大质量物体附近时，光会发生弯曲，像被其吸引一样——这是牛顿的引力理论完全没有预测到的现象，但可以理解，因为蹦床织物推动弹珠是可见的，而空间推动物质或光的现象是人们无法直接看到的。爱因斯坦不得不为我们想象了这种现象。

所以，爱因斯坦认识到，传递引力的施动者就是被物质扭曲的弯曲空间（事实上，时间也弯曲了），他由此消除了对超距作用力的需求。空间不再是牛顿的被动的游乐场——事件可以在其中展开——而是一种灵活的媒介，它的几何形状会被物质**改变**（变得扭曲）。空间的扭曲（不断变化的空间几何结构）反过来又影响了物体的运动，就像有引力。有了这样一种对引力的几何解释，广义相对论就抛弃了“引力是一种力”的概念。在对引力现象的研究中，物体在时空中的运动可以不再被视为对作用于其上的牛顿超距作用力的反应，而是对由其周围所有其他物体的分布所引起的时空扭曲——**几何结构**——的反应。

此外，正如我们已经讨论过的，根据标准模型，物质粒子，即QL原子，会通过力的粒子的持续交换而彼此结合。可以回想一下，比如产生吸引和排斥作用的电场力实际上是复杂的粒子碰撞的表现。人们甚至假设引力也是通过引力子的交换而发挥作用的。物质和力不再是截然不同的概念，相反，力实际上是复杂的粒子碰撞的表现。

因此，和德谟克利特的观点一样，我们可以用粒子及其复杂的碰撞来理解自然——德谟克利特的理论从来不需要力，现代物理学也不再需要！顺便一提，尽管恩培多克勒的2种力——爱和冲突——是独立于他的4元素的实体，但它们也不是超距作用类型的力。它们会通过直接接触促使元素聚合或分离，因此在某种程度上，它们也充当着碰撞粒子的角色。

甚至质量，以及由此产生的重量，也都不被视为QL原子的基本属性了，毋宁说它们是QL原子通过与希格斯场的相互作用而获得的属性。物体的质量是衡量其惯性或其对自身运动状态变化的阻力的尺度，阻力越小，质量就越小。投掷棒球比投掷保龄球容易：棒球的质量比保龄球小，这相当于说，我们投掷棒球（并将其运动状态从静止变为移动）时产生的阻力更小。当其他粒子（如QL原子）穿过希格斯场时，希格斯场会吸引它们，并阻碍它们的运动。正是这种阻力被我们解释成了质量。打个比方，用勺子搅动一杯咖啡很容易，但搅动一杯蜂蜜就不那么容易了。蜂蜜是一种更黏稠的流体，当勺子穿过时，勺子在蜂蜜中移动时的感觉会更重、质量更大。在这个比方中，勺子就是QL原子，流体就是希格斯场。就像黏度不同的流体靠阻碍勺子运动而使得穿过它们的勺子产生更轻或更重的感觉一样，标准模型也设想无处不在的希格斯场对最初无质量的QL原子穿过它时产生了类似的影响，赋予了每个QL原子独特的质量，并减缓了它们的速度，好比希格斯场对不同类型的QL原子来说有不同的黏度。同样地，载力粒子W玻色子和Z玻色子都获得了各自的质量，但光子因为感觉不到希格斯场的阻力，它始终是无质量的，因此能够以光速移动。这个比方描述了希格斯机制，它解释了为何有些粒子有质量，有些没有（尽管它并未解释它们为何会具有各自的实际质量）。然而，具体是什么样的施动者赋予了希格斯玻色子质量？这仍是个未知数。

"质量可能并不是基本属性"的想法是由几个有趣的未解决问题引发的。比如，为何粒子的质量值没有模式（这一事实与其他粒子属性形成了鲜明的对比，诸如自旋或电荷）？再比如，用某些测量单位来算的话，所有QL原子的自旋都为1/2，所有载力粒子的自旋都为1。

但十分奇怪的是，无论在现代物理学的标准模型中，还是在德谟克利特的原子论里，质量都不是粒子的基本属性！同样神奇的是，在现代物理学和德谟克利特的物理学中，质量的非基本属性（以及由此产生的可称量性、重量）是由原子运动——QL原子穿过希格斯场的运动，以及D原子在涡旋中的运动——引起（赋予）的！

根据定义，粒子就是离散的实体。因此，粒子的存在就意味着自然界中存在着某种不连续性。然而，自然界本质上真的是不连续的吗？

连续性与不连续性

如果确实有某种东西总是无处不在（包括看似空无一物的空间），那么存在的本质就是连续的。同时，为了理解自然界的多样性，这种存在的连续性必须因时因地而有所变化，这些变化可以被解释为物质和能量的不连续性，并被称作“粒子”。但将这些不连续性分隔的不可能是绝对的虚无，因为能量始终无处不在。如果海洋是能量，那么海浪就是能量的涨落，亦即物质的离散粒子和力的离散粒子。但就算海浪之间也存在着水，也是海或能量，而不是虚无。因此，现代物理学的观点就是巴门尼德的存在（一个不可分的、遵循一个永恒真理的连续整体）、赫拉克利特的不断变化（可感世界中的万物变化）和德谟克利特的离散性（一个整体的离散性，本质上虽是连续的，却也是不均匀和离散的，因为它是波动的）这三者的结合体。现在，我们认为存在的万物肯定可以用一个概念或方程、一种粒子、一种万物理论来描述。人类的智慧能将其构想出来吗？感官在构想的过程中又充当了什么样的角色？

智力vs.感官

对于德谟克利特来说，蜂蜜的味道是相对的（主观的），对于爱因斯坦来说，时间的流逝是相对的（主观的），但两人都认为现实是客观的。相比之下，哥本哈根解释的开创者玻尔和海森堡则认为，月球只有在我们看它的时候才存在，因此现实是主观的；德谟克利特也认为，现实比仅靠感官知觉所揭示的东西要深刻得多。为了形象地描述人们以理性理解自然的尝试中感官知觉的不可靠性和重要性，德谟克利特设想了一种智力和感官之间的虚拟对话。

> 智力："甜、苦、热、冷和色彩都司空见惯，然而现实中只有原子和虚空。"[25]
>
> 感官："讨厌的智力！你从我们这里拿走证据，然后却想推翻我们？我们的失败也将是你的失败。"[26]

智力认为**感官**所感知的东西与自然的真正样子截然不同。感官获得的知识是"模糊的"[27]，智力获得的知识却是"真实的"[28]（语出德谟克利特）。感官能产生视觉、听觉、嗅觉、味觉和触觉，但这些感觉不是自然的客观属性。它们只是我们司空见惯的知觉（对于我们来说就是涌现属性），是原子及其在虚空中运动的结果，即客观的真理或事物的真实本质，只是智力所宣称的原子和虚空。

感官回应道，可能确实如此，感官知觉虽不可靠（"模糊"），对知识的探索却总要从它开始。因为原子和虚空的证据是通过观察颜色、味道等感觉而获得的，所以是有感官参与的。感官强调，它是为了探索我们不可见事物而使用的可见事物。毕竟“现象［所见之物、外观、事件］就是不可见之物的表象”[29]，阿那克萨戈拉如此说道。归根结底，仅凭智力或感官都无法通向真理，但把它们结合起来或许有可能。

结论

留基伯和德谟克利特的那种不可分的（原子的）、没有亚结构的离散粒子的概念一直存续至今。根据现代物理学理论，它仍然是自然界最非凡的属性之一。那么空间和时间是否也有原子性质呢？

Ω 空间原子与时间原子 ∞

导语

伊壁鸠鲁（前341—前270）拓展了留基伯和德谟克利特提出的原子论。他写了大约300本书，内容几乎无所不包，可惜大多都已亡佚。只有斯多葛学派的哲学家克利西波斯（Chrysippus，前279—前206）的作品数量可与他比肩。传说[1]他14岁时从赫西俄德（Hesiod）的《神谱》（*Theogony*，讲述了众神的起源）中获知“初时，卡俄斯（Chaos，意为混沌）出现”[2]……后来，它又产生了其他事物。伊壁鸠鲁问，这**卡俄斯**是从哪儿来的？他的老师被这个问题难住了，最后只得答，这是个哲学问题。那么我只想让哲学家当我的老师，伊壁鸠鲁回答道。

新特点

伊壁鸠鲁的原子论有几个独有的特点:（1）E原子（伊壁鸠鲁的原子）和D原子一样不可分，但与D原子不同的是，E原子有可以识别的不可分（不可切割）部分——它有亚结构。（2）除了物质原子（物质的最小部分），还有空间"原子"（最小的空间**间隔**）和时间"原子"（最小的时间**间隔**）！（3）E原子的运动是虚线式的，量子的！它会从一处移动到另一处，但**不经过中间的任何一点**。（4）E原子可能会自发地转向（并造成其行踪的不确定性），这是伊壁鸠鲁附加的一个特点，他由此开了先河，试图摆脱德谟克利特的决定论，并将人类的自由意志置于科学假设之中——这也是"或许，是命运的安排"一章的主题。

这些新特点，是在伊壁鸠鲁或其门生回应亚里士多德对德谟克利特原子论的各种抨击时发展起来的。我们将看到，空间原子和时间原子向现代物理学的基石发出了深刻的挑战。回想一下，空间原子就是圈量子引力的基本要求。量子力学最重大的前提——海森堡不确定性原理——的原因以及著名的量子跃迁的原因将通过两种原创性的理念被谨慎地推导出来，其中就用到了伊壁鸠鲁关于物质、空间、时间和运动的理论。

E原子的组件

E原子在物理上是不可分的，但在**概念上**[3]可以被分成几个最小的组件。也就是说，如果我们可以放大观察一个E原子，就会注意到它的亚结构，它有物理上可辨识的特征，组成的部分都是相同的（尽管它们的形状和尺寸在现存文献中找不到具体的说明）。一个组件既不能进一步切割（成更小的碎片），也不能将其从一个E原子中切割出来（或再添加到E原子中）。它也是基本的组成部分（是一个无组件的组件）：如果我们继续放大观察一个组件，不会再发现新的组件了（也没有新的亚结构了）。由于我们并不能真正地看到一个组件，所以组件就只是一个在智识上可辨识的基本单元。不同种类的E原子由自己独特的**整数**个组件（不会只有一个）[4]以多种排列方式构成。图4呈现了一个假想的组件，以及二维空间中的两类E原子。可见，E原子可接受的尺寸区间（和整体的几何结构）是**量子性**的——例如，2个、3个、

4个、5个组件……但不会是4.7个组件——如现代化学原子（或一般物质）中的能量区间。相比之下，D原子的尺寸就不是量子性的——它是连续变化的。

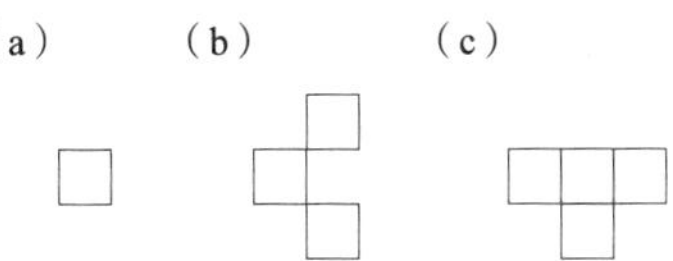

图4 (a) 1个组件；(b) 有3个组件的E原子；(c) 有4个组件的E原子

德谟克利特推测，存在不同形状和尺寸的、带有钩子和缝隙的原子，由此来解释D原子是如何相互作用和聚集，以创生宏观事物的。相比之下，伊壁鸠鲁只需要推测组件的概念，他想象各个组件总以各种方式相互联结，从而产生了不同的原子形状和尺寸。

然而，若不彻底地重新构想空间、时间和运动，原子便无法运动。

量子运动、空间原子和时间原子

亚里士多德在批判德谟克利特的原子论时曾严谨地指出，没有组件的D原子无法运动，除非（a）它的运动是**不**

连续的、量子性的；以及（b）空间和时间是由空间原子和时间原子构成的——因此，它们也具有量子性质。[5]

关于概念（a），亚里士多德设想一个D原子从这里移动到了那里，**却没有经过中间的任何一点——这正是**现代量子物理学中**量子跃迁**的含义（回想一下前文提到的国际象棋棋子的比方）！顺便一提，氢原子玻尔模型（可回顾“数与形”一章）是第一个假设了氢原子的电子在从一条允许的轨道跃迁到另一条轨道（即量子跃迁）时，运动类型完全相同的模型。

关于概念（b），亚里士多德认为，如果（a）成立，我们就**不应该**想象永远有一个可以更小的空间区域，小到成为空间中的点，也不应该想象永远有更短的时间周期，短到成为一瞬。相反，如果（a）成立，那么空间和时间都应该是**有限可分的**——也就是说，对它们的分割（比如在脑海中分割）无法永远持续下去，应该在最后的切割处停止。[6]意思就是，应该有空间和时间的最小值（最小的部分）、**不可分的**空间和时间的**量**，即**空间原子和时间原子**（原子在希腊语中意为“不可分”）！所以，空间**不应该**由点组成，而应该由最小的**广延**组成，时间也**不应该**由瞬间（一个接一个的瞬间）组成，而应该由最小的**时段**（一个接一个的时段）组成。

但亚里士多德声称，他已经成功地证明了这些想法都不成立。例如，他认为量子运动（跃迁）——某物可以在**不移动**的情况下**移动**——是很荒谬的。因此，对他来说，不可能有物质原子，只能有一个实空（即物质形成的一个没有虚空的连续体）。运动不可能是量子的，它必然是平滑、连续、逐点相继的（如我们的日常体验一样）。也不可能有空间原子，空间是无限可分的。更不可能有时间原子，时间会平滑地流逝，一个瞬间接着一个瞬间。因此，亚里士多德认为，原子论仅仅是一种妄想。但伊壁鸠鲁更勇敢，面对亚里士多德的批评，他大胆而彻底地接受了**这一切“谬论”**！[7]他认同原子（物质、空间和时间的原子）存在，运动也**是**量子的。尽管如此，亚里士多德的推理还是有力的！即便我们可能认为他的说法是错的，但这些想法也在塑造历史和我们认为可能是正确的观点。

为何原子应该存在？

就像德谟克利特和留基伯一样，伊壁鸠鲁坚持认为存在物质-原子和虚空，否则运动（以及随之而来的自然界的变化）就无法理解。诗人卢克莱修（Lucretius，前99—前55）也是狂热的伊壁鸠鲁学派，他通过一首长诗保留了伊壁鸠鲁学派的很多理念，列举了各种支持原子假说的观测证据。[8]引导德谟克利特走向原子论的一个论点与物质的可分性有关（虽然不是空间和时间的可分性，但由于德谟克利特的一般论点适用于空间和时间，我们也要将其考虑进去）。德谟克利特认为，可分性必须是有限的——它必须在一些最小的非零**尺寸**上停止。若非如此，可分性如果是无限的，物质（以及空间和时间，一切）“最终”将被还原为无——成为零尺寸的点。[9]那么，如何能从无中重塑宇宙呢？存在不会出自非存在。卢克莱修笔下的伊壁鸠鲁补充道：“如果事物是从无中生出的，那么任何物种都会从任何来源中生出来，任何事物都无需种子了。人可以从海中出现，有鳞的鱼可以从地里生出来……”[10]其他各种随机的事件也都会发生。可我们的世界是有秩序的：“再说，为什么我们会看到玫瑰在春季绽放，谷物在夏日的炎热里露头，葡萄在秋天的魔力下结出果实？”[11]对于卢克莱修笔下的伊壁鸠鲁来说，秩序是非存在无法产生存在的又一个证据——因此，存在在过去一直存在，并将永远存在。为了让存在得以存在，并且可以从根本上被重塑，可分性就必须在最后非零的切割处停止，给人们一个物质原子（不可为零的最小物质量）、一个空间原子（不可为零的最小空间范围），以及一个时间原子（不可为零的最小时段）。顺便一提，弦理论的弦和圈量子引力理论的空间原子也有最小的非零尺寸。

对于伊壁鸠鲁来说，自然本质上是量子的（有限可分的）。如我们目前掌握的定律所规定的那样，量子不仅是物质（和能量）的属性；如我们的一些最前沿的科学假设所声称的那样，量子也是空间和时间的属性。有了空间原子和时间原子，这位哲学家航行到了未知领域，带来了前所未有的结果，动摇了神圣的现代物理学的根基。

时空：点和平滑性vs.量和量子性

物质原子（D原子、E原子乃至QL原子）被空间间隔——虚空——分隔开了，所以物质会在空间中不连续地扩散，但并没有什么能把空间原子或时间原子分开。举个例子，“空间原子被虚空隔开了”的说法是没有意义的，因为虚空**本身**就是空间，伊壁鸠鲁用空间原子描述了空间本身。

量子空间

在牛顿物理学、量子物理学，甚或更先进的相对论的时空概念中，空间都是由点组成的平滑的、海洋般的连续体（因此它是无限可分的）。E物理学（伊壁鸠鲁的物理学）中的空间也形成了一个连续体，但它是颗粒状的**量子**空间连续体，不是由点组成的，而是由相连的、不可分的、同样的最小**广延**——空间原子——构成的（因此空间有限可分）。（空间原子的大小和形状在现存文献中没有具体说明。）试一下，把这种颗粒状空间想象成沥青的模样（沥青里可以识别的瑕疵就是空间原子），或者乐高的结构（以不可分的同等大小的乐高积木作为空间原子），抑或《我的世界》[①]中的方块结构（以其中不可分的单元块作为空间原子），就像毕加索的立体主义[②]、

①《我的世界》（*Minecraft*）是一款沙盒类电子游戏，可用方块搭建各种结构和建筑。

② 立体主义（cubism）是西方现代艺术流派的一种，作品强调绘画的基本形式是利用各种几何形体来表现画面。

铺砌的瓷砖地面或俄罗斯方块游戏那样。有趣的是，圈量子引力理论中的空间原子也会形成颗粒状的空间，并被想象成相互连结的环。[12]同样，在伊壁鸠鲁的理论和圈理论中，颗粒状的空间都牵涉到量子几何——只允许存在某些特定的形状和大小。有一个简化的例子：如果伊壁鸠鲁的空间是铺砌的瓷砖地面（见图5），空间原子是瓷砖（比方说边长为1个单位），则被允许存在的（如正方形的）区域仅为1×1=1平方的1块瓷砖，2×2=4，3×3=9，4×4=16，以此类推。介于这些数字之间的正方形区域的面积是不允许存在的——比如2.5×2.5=6.25的这类“深灰色”区域。“深灰色”区域只在逐点空间中存在。回想一下，在相对论中，几何形状就是引力。如果几何形状是量子的，那么引力也一定是量子的。这是圈量子引力理论的一个基本假设。

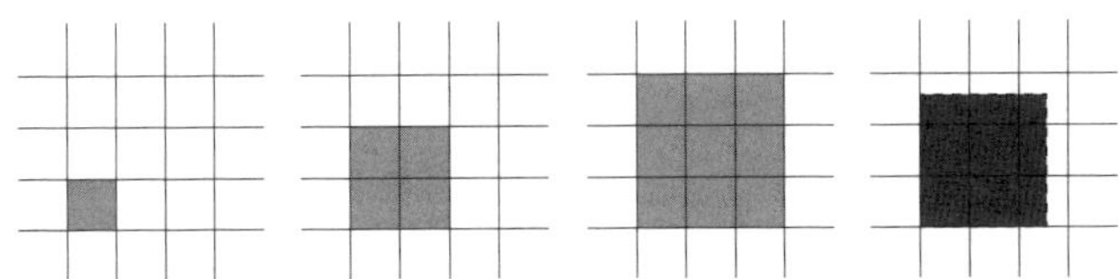

图5　空间在伊壁鸠鲁的理论中是量子化的。只允许存在某些离散（量子）的区域（一般为几何形状），即“浅灰色”区域；但不允许存在“深灰色”区域

量子时间

相对论中的时间是相对的，但它是经典物理学意义上的，而不是量子物理学意义上的。它会平稳地流动，一个瞬间接着一个瞬间（牛顿物理学和量子物理学中的时间也是如此），所有瞬间都被允许存在。但伊壁鸠鲁的时间是量子的！它以颗粒状流逝，一个时段接着一个时段，一个时间原子接着一个时间原子，所以只允许存在某些特定的持续时间。时间原子是不可分的（**不是**由瞬间组成的）、相同的、最小的**时段**（尽管它们持续的时长在现存文献中没有说明）。假设一个时间原子是2秒。之所以说时间是量子的，是因为只会有2，4，6，8，……秒这样的时段出现，却不允许有任何其他中间时段（如2.5秒、7秒或17.2秒）——它们是“深灰色”时段。时间之所以是量子的，原因还在于时间流逝的方式。就这个例子来说，2秒的时间原子会“整体地”流逝，而不是一瞬接着一瞬——否则会有问题（参见后文的“芝诺最终可以来到门前”一节）——因为瞬间无法存在，只有持续时间可以：时间原子是不可分的，它不是由更小的“部分”或瞬间组成的。类似地，E原子的组件不是由另一些组件（或物质点）构成的，空间原子也不是由空间点构成的。

这基本上就是时间原子、空间原子和E原子的组件“不可分性”概念的含义。你可以把它想象成亚里士多德对数学直线的看法，这种直线**包含**点，但它不是由点**组成**的——因为根据定义，一条线的非零尺寸无法由零尺寸的点重塑。如前所述，由点来制造宇宙是很困难的。

量子事件

E物理学中的一桩事件是在一个空间广延——空间原子——中发生的，并持续一个时段，即一个时间原子——只有当这一时间原子结束时，该事件才会变为另一个事件。因此，事件在E物理学中被重新想象成衡量时空的**量**，而不是（相对论中的）时空点。和量子物理学中的事件一样，E事件是离散的、量子的，而不是相对论中那样连续的。E物理学中的事件也不可能是“奇异的”，因为既没有（零持续时间的）瞬间，也没有（零大小的）空间点，更没有物质点。所以物质不可能在奇点——一个无限小的、零尺寸的、**真正的**空间点——之上累积，因为空间由**量**而非**点**组成。宇宙也不可能以大爆炸的奇点开始，但它可以以一个大爆炸的量开始。现代物理学中的奇点是不受待见的，它们会构成对存在的威胁，和不确定是1还是0的模糊答案一样成了问题。如果可以消除奇点，那将是一项科学和数学上的突破。唯有时间能告诉我们答案，如果它不会消亡。

老柯罗诺斯①死了吗？

1922年4月6日，大物理学家爱因斯坦与大哲学家亨利·柏格森（Henri Bergson, 1859—1941）进行了一次对话，这位物理学家的一句“哲学家们所说的时间并不存在”惹恼了柏格森。[13]爱因斯坦说，在自己的相对论语境下，时间的“流动”是决定论式的，未来已然被写就（因为所有时刻始终存在于块状宇宙中）。然而，柏格森坚称“未来在现实中是开放的、不可预测的和不确定的”[14]。决定论与非决定论，孰为宇宙之属性，这在很大程度上仍是一个悬而未决的问题。到“或许，是命运的安排”这章，我将在自由意志的语境中再行探讨。

① 柯罗诺斯（Chronos），古希腊神话中的一位原始神，代表时间。他并非后来的神王克洛诺斯，故而作者以“老柯罗诺斯”相称。

如今，如果空间原子和时间原子可以被证明是自然的新的现实，那么物理学家所说的时间也将不复存在了。因为在爱因斯坦的相对论中，时间和空间**虽然**是**相对的**（即不是普遍的）和革命性的，但它们并不由时间原子和空间原子构成，而是由点构成。

但时间可能已经死了，真的死了，无论是物理学还是哲学中的时间，只不过对于两者来说原因不同。圈量子引力理论假设时间不存在——它是一种涌现属性（而且并未被纳入该理论的主方程）。[15]物理学家卡洛·罗韦利（1956—）是圈量子引力理论的开创者之一，他写道："对一个假设的超感官存在者来说，不会有时间的'流动'。宇宙将是由过去、现在和未来组成的单一块体。但我们的意识存在局限性，因而只能感知到世界有一个模糊的幻象，并且活在时间之中。"[16]"同样地，［伊壁鸠鲁哲学中的］时间本身也并不存在。"[17]它是一种涌现属性，因为"自然有两个部分，由……物质与空间［虚空］……构成"[18]。

那么，爱因斯坦的相对论所要求的宇宙绝对恒定速度（**不只是光速**）的观念对E原子来说也是真理吗？

宇宙速度

E原子始终以相同的恒定速度“飞快地”移动。[19]因为对伊壁鸠鲁来说，“空的空间［或者现代物理学中的希格斯场的缺失］无论何时何地都不会对任何物体产生阻力，它的本质要求它不妨碍自由通过”。因此，“所有物体［E原子、QL原子、光子］在通过未受干扰的真空［希格斯场被激活前的真空］时都必然以相同的速度运动”。[20]所以，根据卢克莱修的记录，伊壁鸠鲁证明了E原子速度的恒定性是由虚空造成的，虚空对E原子的运动没有产生任何阻力。类似地，在现代物理学中，在宇宙膨胀的初期超热阶段，希格斯场尚未被激活，自然允许QL原子以其自然的宇宙速度——光速——运动；只有当宇宙略微冷却并触发希格斯场时速度才会变慢，希格斯场通过希格斯机制将质量（这是一种涌现属性，而非基本属性）赋予了QL原子。

在E物理学中，速度的恒定性也可以用另一种方式来证明。假设E原子在运动，那它们就**必然**以相同的**恒定**速度运动，因为所有空间原子的大小都相同，所有时间原子也持续相同的时段。那么，一个E原子就需要用3个时间原子穿过3个空间原子，用5个时间原子穿过5个空间原子，以此类推。E原子的速度永远恒定，每过一个时间原子就穿过一个空间原子。速度的恒定性是伊壁鸠鲁理论中空间和时间的量子本质中的固有特性。

有趣的是，爱因斯坦也认为，**空间和时间是所有**物体**以恒定速度**运动的原因，这个速度**就是光速**！爱因斯坦声称，宇宙中的所有物体（**不只是光**）**始终**以一个固定的速度——光速——穿过时空（即使那些看起来运动得较慢的物体也是如此）。[21]他的意思是，“一个物体在**所有**4**个**维度——3个空间维度和1个时间维度——中穿行的总速度……［始终］等于光速”[22]。相对论和E物理学的一致之处依赖于速度的恒定性！相对论中的时间膨胀现象意味着速度越快，时间就流逝得越慢，并在速度到达光速时停止。由此看来，在上述讨论的意义基础上，万物都以光速运动，所以时间（老柯罗诺斯）可能真的死了。

光速的恒定性是爱因斯坦狭义相对论的一个基本前提。它保障了因果律，让宇宙免于陷入悖论之中（可以回顾“数与形”这章）。光子**总是**以相同的恒定宇宙速度运动，无论它们是从运动或静止的光源发出时，还是与其他粒子碰撞并改变方向时，甚至穿过其他实体时都概莫能外。E原子的运动也是如此（尽管其速度并非光速）。

但是，当E原子和光子在水或油等物质实体中移动时，它们会与其他粒子发生碰撞，所以其移动速度**更**慢。物质越致密，它们的速度就越慢，或者更准确地说，是它们的速度**看起来**越慢。这是因为，当E原子或光子在一种实体中从一处移动到另一处时，会不断地与该实体的物质粒子（其他E原子、QL原子）发生碰撞。因此，它们会曲折行进，运动距离变得**更长**，也就需要更长的时间才能到达目的地，故而速度看起来较慢。就像你以平常的固定速度穿过一个拥挤的房间，你要绕过人群，努力从屋后走到屋前，而给你计时的人会觉得你走得比以往更慢。举例而言，因为有碰撞和曲折运动，太阳中心产生的光子需要100万年的时间才能到达太阳表面。因此，它们似乎一直在以比光速小得多的速度行进，尽管在每次与太阳或其他实体相撞时，它们的速度总是光速。如果太阳是虚空的（空的），光子只需要区区几秒就能到达其表面。

即便所有E原子都有相同的速度，伊壁鸠鲁也并没有忽视一个显而易见的事实：有些物体不动，有些物体运动缓慢，还有些物体运动得很快。但他认为，“慢和快只是碰撞和非碰撞所呈现的表象”[23]，这种速度的差异只是复合物体的一种涌现（表面的而非基本的）属性，他通过以下精巧的机制（粒子相互作用）解释了这一点。[24]复合物体由E原子构成，它们都具有相同的宇宙速度。如果E原子的运动恰好是随机的（即朝一个方向移动的E原子和朝反方向移动的一样多），其原子运动的平均值为零，并且（尽管物体中的每个E原子都在恒定运动）物体本身作为一个整体保持静止——例如，向右推物体的E原子的数量与向左推物体的E原子的数量一样多，从而使物体整体上保持静止。（顺便一提，这与杯中水不会溅出来的原因完全相同，哪怕杯中的每个水分子都在不停地运动。）所以，如果这些E原子中只有几个碰巧朝着一个偏好的方向移动，比如向右，那么这些E原子就会产生一个向右的微小净推力，导致这一物体也向右缓慢移动。物体在某个方向上的运动速度越快，代表朝该方向运动的E原子数量就越多。但E原子可以朝不同的方向移动吗？

宇宙方向

答案似乎是否定的，因为E原子被设想成朝着某个宇宙的、绝对的方向移动，即“向下”——并不是朝地球的下方。然而无论我多么努力地寻找伊壁鸠鲁的宇宙方向，也还是一无所获——现存的文献并没有详细说明这个方向可能是哪里。尽管如此，我还是忍不住把绝对的方向想象成我每次欣赏埃舍尔①的画作时的体验，沿着他画中的路径，我会觉得自己无疑在往上走，但突然间我又在向下。尤其是他于1960年所作的版画《升与降》（*Ascending and Descending*），画中“展示了一个楼梯，它无休止地上升——如果你再仔细看的话，它还在无休止地下降”[25]。也许某种奇怪的时空连续体也可以包含一个绝对的方向，但我不知道它是否存在！

---

① 埃舍尔（Maurits Cornelis Escher，1898—1972），荷兰版画家、图形艺术家，以其源自数学灵感的木刻、版画等作品而闻名。

创造匀速运动宇宙的挑战

如果E原子总是匀速运动，即以同一宇宙速度朝着同一绝对（宇宙）方向运动，那它们怎么可能相遇、碰撞、聚集并形成一个由复合物体构成的宇宙呢？本着本书的精神，即从现代知识的角度去阅读过往，首先我将试着给出一个不同于伊壁鸠鲁的答案，但这并不是真的要评判他理论中的缺点，而是以他的洞察来启发思考。

如果空间像牛顿说的那样是平滑的，E原子就无法相遇。打个比方，我们可以把空间想象成一个平滑的棋盘。平滑的表面遵循欧几里得的几何学原理。由于平面上的平行线（就像棋盘上的平行线）永远不会相交，所以匀速运动的E原子也永远不会相遇。（a）一个沿着棋盘上的线移动的掉队的原子，无法赶超前面的原子，因为它们是以相同的速度朝同一方向移动的。（b）当两个E原子沿两条平行线朝同一方向移动时，它们也不会相遇，因为我们从欧几里得的那部精湛的几何学著作《几何原本》（*Elements*）中得知，平行线永远不会在平面上相交。

但对情况（b）来说，如果E原子在一个弯曲的表面中运动，比如曲面，它们是可以相遇的。因为根据描述曲面的黎曼几何学原理，平行线可以相交：两条（地球的）经线在穿过地球（球体）的赤道时是平行的，但在南北两极是相交的。因此，沿不同经线朝同一方向移动的E原子可以在经线相交的地方相撞，由此相互作用并形成一个宇宙。

相对论中的空间是弯曲的，但伊壁鸠鲁并不知道弯曲的空间，所以他构思了另一种有趣的假设。

原子偏转

我们已知，在匀速运动的情况下，E原子永远无法追赶上彼此，无法碰撞、相互作用并聚集成复合物体。伊壁鸠鲁设想E原子会**自发偏转**，以此来应对这个问题。他认为，这种偏转解决了两个问题。（1）它允许E原子改变方向，相互作用，并聚集成恒星、行星和人类。（2）偏转的自发性引入了原子运动的不确定性，伊壁鸠鲁认为这一属性恢复了人类的自由意志。这将是“或许，是命运的安排”这章的主题。偏转论遭到古今学者的猛烈批评，因为伊壁鸠鲁从未解释过它，只是做出了偏转的假设——对伊壁鸠鲁来说，偏转是没有原因的。就我所知，偏转论至今都还没有得到解释。这一著名的伊壁鸠鲁学派的偏转的原因到底是什么？我来推测一下。

第一个原因：停顿

在我看来，并不一定要假设存在这种偏转。偏转的起因基本上就是时间原子。首先，我们去除绝对运动方向这个要求（我们稍后再具体分析）。这样一来，运动、空间和时间的量子化就允许E原子随机地运动和偏转了。为什么会这样呢？

D原子是连续地、平稳地，一点接着一点、一瞬接着一瞬地运动——就和我们日常体验到的运动一样。它们的流动绝对不间断，它们的动量是定向的、决定论式的。

但E原子有所不同。尽管其速度是恒定的——它们总是在既定时间内走完相同的距离——但它们的运动**不连续**，它们会**停顿**！当一个E原子在一个空间原子中（某个“位置”）时，它会停顿，并在那儿静止一个时间原子的时段——回想一下，时间的流逝是一个时段接着一个时段，而不是一瞬接着一瞬。这个停滞的时段——时间原子——

就是运动随机性的原因，伊壁鸠鲁非常想把它设为E原子的一种属性。因为当一个E原子经历完一个时间原子时，**且**在没有宇宙方向性的情况下，它的下一次量子运动（进入邻近的空间原子）**一定**是随机的、不确定的。在没有方向性且处于停滞的情况下，它没有理由一定要移动到某个特定的邻近的空间原子（“位置”）里，而不是另一个，所以它会偏转！偏转是由停顿（时间原子）引起的，它在本质上破坏了运动的流畅性、动量、方向性和连续性。伊壁鸠鲁的物理学中的时间是量子的，不是由“诸现在”（各个瞬间）构成的，而是由时段——导致时间停顿的时间原子——构成的，此即偏转的原因。

借用之前的类比，瓷砖地面（图6）就是一个二维量子空间，瓷砖是空间原子。想象一下，一个黑色正方形的E原子[26]占据了一块瓷砖。由于（a）E原子处于静止（停顿）状态正好是一个时间原子的时段，且由于（b）它必须量子跃迁（因为它的速度是恒定的，尽管并不连续），又由于（c）它没有方向性（宇宙的方向性或出自一种连续动量的方向性），它没有理由一定要跃迁到某处——箭头显示了潜在的跳跃方向——最后我们得出，（d）当它经历完一个时间原子并且必须跃迁时，就会随机跃迁到它周围8块瓷砖中的**任何一块**。因此，它偏转了。[27]它的运动是由不确定的跃迁引起的恒定量子偏转，造成了其位置和运动方向的不确定。位置和方向的不确定性也是著名的海森堡不确定性原理的一部分。那么它们之间有什么联系吗？

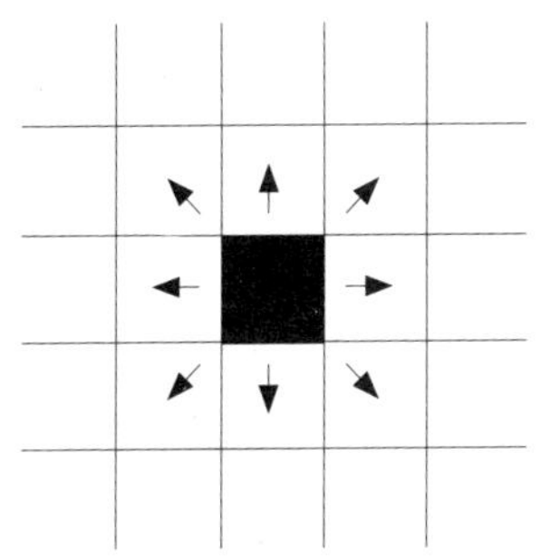

图6 E原子的停顿是其自发量子偏转的原因

海森堡不确定性的原因：一种涉及无碰撞的假设

我的假设是，偏转（以及由此产生的位置-方向不确定性）就是伊壁鸠鲁时间量子本质结构中的一个固有属性。在此基础上，我推测时间的量子化、时间原子、停顿可能也是海森堡不确定性原理的原因——更准确地说，上述的（a）（b）（c）和（d）属性都发挥了作用。换言之，海森堡不确定性原理所描述的电子（或一般的QL原子）的位置不确定性实际上是由停顿——时间的量子化——引起的。海森堡不确定性原理的另一个已知的真理也巩固了我的推测。不是只有当我们这些好奇的观察者决定向微小物体射出光子、引起碰撞并进行观察时（如“不断变化的宇宙”一章所述），才会引起一个电子的位置–速度（也包括位置–方向，因为速度实际上是带方向的速率[①]）的不确定。相反，这种不确定性始终存在，哪怕我们没在观察——现在，这种自然界的固有属性在时间原子（时间的量子化）的语境下又有了更多的意义。我假设，一个电子和（图6中的）E原子一样，它本身会发生不确定的量子偏转（也就是遵循海森堡不确定性原理），原因就在于它的停顿（时间的量子化）。

第二个原因：过度拥挤违背法则

我们还是用瓷砖地面这个比方来解释偏转吧，但这次要保留运动的宇宙方向。E原子可以相遇并相互作用。例如，考虑到描述曲面的黎曼几何学，两个E原子可能会朝同一方

① 速度（velocity）是矢量，有大小和方向；速率（speed）是标量，只有大小，没有方向。

向——北方——移动，只要一个沿0度经线移动，另一个沿180度经线移动，它们就仍会碰头。

因此，来自左侧的黑色E原子（图7–a）就会向来自右侧的灰色E原子移动，箭头表示原子的移动方向。如果这两个E原子最初相隔的瓷砖数是奇数，那它们最终将面对面，中间只隔着一块瓷砖。接下来呢？它们停顿了一个时间原子的寻常时段，时间一过，两个原子都必须偏转到一块**不同的**瓷砖（图7–b显示了其中一种可能性），这只是因为过度拥挤违背法则（泡利不相容原理）的存在：E原子是绝对刚性的，它们不能同时占据同一块瓷砖。

在另一种情况中，即使这两个E原子最初相隔的瓷砖数是偶数，它们也仍会发生量子偏转——只不过这次是因为它们直接面对面了。

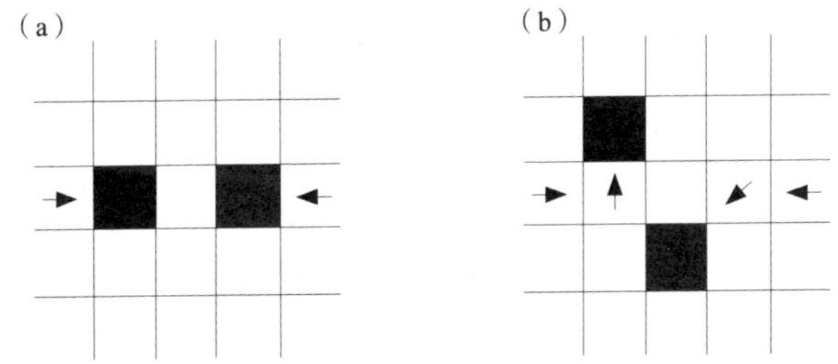

图7 （a）在两个E原子“相撞”（相互作用）后，（b）它们必须发生量子偏转，因为过度拥挤违背法则的存在，它们不能同时占据同一块瓷砖

海森堡不确定性的原因：一种涉及碰撞的假设

E原子之间的面对面基本上描述了它们之间的碰撞，即便它们没有接触。电子会以这种方式碰撞，因为它们也“知道”过度拥挤是不允许的。正如我们所了解到的，碰撞是不确定性原理的第一步。对于E原子来说也是如此，因为在它们面对面之后，各自将跃入哪块瓷砖是不确定的。这就像电子的量子跃迁一样不确定。因为根据海森堡不确定性原理，电子（或任何微观粒子）只能跃入或居于数个允许的位置中的一个。我们用一种更具体的方法来解释：把黑色的E原子想象成一个电子；把灰色的E原子想象成一个探测光子，用来“看”或确定电子的位置（见图7–a）。通过图7–b可知，电子的位置和方向的海森堡不确定性很容易在伊壁鸠鲁的物理学中得到证明：在光子与电子碰撞后，电子（黑色E原子）必须**量子跃迁**到它周围的8块相邻瓷砖中的任何一块（或者其他不相邻的瓷砖），但并不确定是哪一块——因此，它的位置和方向都是不确定的。具体来说，初始瓷砖和电子跃入的瓷砖之间的距离就是其位置的不确定性。

粒子幽闭恐惧症

海森堡不确定性原理是粒子幽闭恐惧症的病因。比方说，一个电子的限定空间越小，它就会越快地离开这一空间——它在那里停留的时间也就越短。E原子速率的恒定性则是**它们的**幽闭恐惧症的原因。图6中的E原子只会在一块瓷砖（小的限定空间）上停留一个时间原子的时段（短暂的时间），但在邻近区域，比如它周围的8块瓷砖（更大的限定空间）中，它至少会停留2个这样的时段（因为E原子可以来回移动了）。这两种看似不同的幽闭恐惧症的原因之间是否可能存在着联系呢？——尤其是在爱因斯坦意识到四维时空中所有物体总是以相同的速率运动的背景下。到目前为止，我们还没有答案。然而，幽闭恐惧症——海森堡不确定性的一种现象——也可以在（空间和时间量子化的）E物理学的语境下得到解释，对我来说，它是一种提示，让我知道海森堡不确定性可能由空间和时间的量子化引起。

挑战

E物理学中还有其他挑战，涉及E原子（或其组件）的大小和形状与空间原子的大小和形状之间的关系。例如，一个E原子能否在一个空间原子中下溢[1]、完全匹配或溢出呢？伊壁鸠鲁认为，一个E原子必须完全匹配它所占据的空间原子。在我们之前的例子中，E原子要么**完全**在一块瓷砖之中，要么完全不在，它不能**部分**在其中。或者，一次量子跃迁能否跃入遥远的瓷砖，跳过紧邻的下一块呢？按相对论的想象，物体都会附着在时空结构上。由于圈量子引力理论试图调和相对论和量子力学，我预计，圈量子引力理论的空间原子和QL原子之间也会迎来类似的挑战。

芝诺最终可以来到门前

有了空间原子、时间原子**和**量子运动，芝诺悖论可能更容易解决了。想象一下，我们和门之间有5个空间原子（在我们简化的量子空间中就是5块瓷砖）。芝诺（一个E原子）从一块瓷砖量子跃迁到另一块，只用5次跃迁和5个时间原子（5个时段），他最终就能来到门前，（二分法悖论的）问题解决了！这大致就是圈量子引力理论提出的解决方案，

① 指不完全填充。

该方案假定存在空间原子。[28]

请注意，如果运动不是量子的，也就是说，假设一个E原子会平顺滑动，依序通过每个点，那么这个悖论就得不到解决。因为在这种情况下，E原子将面临芝诺最初发起的挑战（源自空间的无限可分性），需要经过任何距离，如单个空间原子（瓷砖）的长度。此外，如果运动是连续的，那么E原子的一部分（为了简单起见，以图8中的箭头形状表示）将始终在该E原子本身已经占据的空间中移动（见图8–a），但这是不可能的，因为E原子不可穿透，它们不能在它们已经占据的地方移动，因为过度拥挤是不被允许的。因此，E原子**必须**量子跃迁，如图8–b所示：箭头移动到了虚线的位置，却没有穿过其间的任何点（位置）（因为这些点已被它本身占据）。有趣的是，这种推理解释了QL原子也必须量子跃迁的原因，因为它们也不可穿透。

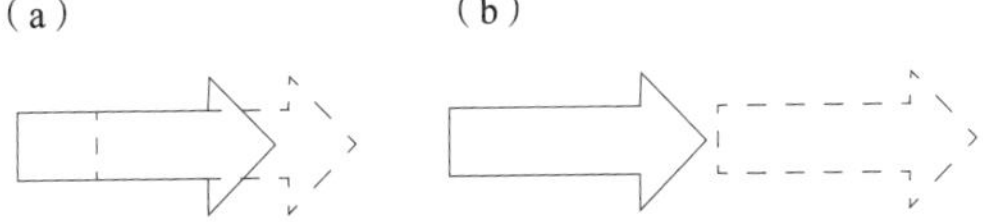

图8　(a) 一个连续运动的E原子总会移动到已经被自身占据的空间中——这是不可能的，因为E原子不可穿透。(b) 但一个处于量子运动中的E原子（如棋盘上的兵的类比）永远无法移动到已经被自身占据的空间中。因此，E原子（或一般的QL原子）量子跃迁的一个原因可能就是其不可穿透性

时间原子还解决了一个与时间相关的二分法悖论（这是我的，不是芝诺的）。首先，假设时间无限可分（即没有时间原子）。比方说，时间要过1秒，就必须先流逝半秒，然后是剩余时间的一半，然后是新的剩余时间的一半，以此类推。因为始终存在一个较短的最后一半要流逝（过去），所以1秒永远过不去。这是一个悖论，因为我确实在一秒秒地变老。

但是，如果我们假设时间有限可分，那么1秒就可以过去，比如说存在半秒的时间原子，**而且**时间会随一个接着一个的时间原子过去，也就是说时间原子的时间间隔是**整体地**过去的，而**不是**一瞬接着一瞬地。首先是第一个半秒原子整个过去，然后是第二个半秒原子也整个过去，这样1秒就过去了。也就是说，1秒的持续时间**已经**（半秒接着半秒地）**过去了**，**并没有经过**（每个瞬间，因为没有瞬间，只有时段）。因此，既不能有“深灰色”的正方形，也不能有“深灰色”的持续时间——以方才的例子来说，1/4、3/4或3又1/4秒就是不能出现的“深灰色”持续时间，但3或3又1/2秒是被允许的。

伊壁鸠鲁和普朗克

空间原子和时间原子有多大呢？伊壁鸠鲁学派只说它们很小。马克斯·普朗克（Max Planck，1858—1947）推测了一个答案（尽管我不确定他有没有研究过伊壁鸠鲁的哲学）。出于乐趣，他研究起自然界的3个最重要的基本常数——光速c（宇宙的速度极限），引力常数G（引力强度的量度），以及普朗克常数h（可以测量到量子效应的微观大小量度），将它们重新整理成了两个不同的系数。一个系数表示长度，如今被称为“普朗克长度”，这是一个小得难以想象的空间广延：10^{-35}米。另一个系数表示时间，名为普朗克时间，是一个小得难以想象的时间段：10^{-43}秒。如果空间和时间最终被证明是由这么小的量组成的，那它们的微小性将使其在日常现象中的影响变得让人无法察觉。我们会自然地被其所骗，以为空间和时间是平滑的，由空间点和瞬间组成——而不是颗粒状的，由有限的尺度的空间原子和时间原子构成。按人们的推测，普朗克长度就是圈量子引力理论中空间原子的大小和弦理论中弦的大小。

结论

伊壁鸠鲁的物理学和现代物理学的已验证的法则之间，以及伊壁鸠鲁的各种科学假说和前沿物理学的假说之间，在概念上有惊人的相似性。我毫不怀疑，伊壁鸠鲁和亚里士多德的推理——尤其是关于空间原子和时间原子的争论——确实可以在我们寻找万物理论的过程中发挥作用。德谟克利特是又一位几乎涉猎一切的多产作家，但遗憾的是，德谟克利特和伊壁鸠鲁的著作保存下来的并不多。这是命运的安排，还是本可以避免的？

Ω 或许，是命运的安排 ∞

导语

德谟克利特认为，因为万物都由原子（一般而言的基本粒子）构成，所以一切生物的行为都必须受这些原子所遵循的法则——自然法则——所支配。事实上，到目前为止，还没有一个生物系统与这一普遍认知相悖。薛定谔在其著作《生命是什么？》（*What Is Life?*）中通过对活细胞物理学和生命物理学的探讨而暗示了上述观点。如今，生物化学和生物物理学的专业领域无疑也在不断地验证。然而，这种认知是否意味着自然法则会影响人类的自由意志？也就是说，当我决定吃比萨而不是中餐时，真的是我决定了要吃什么吗？还是“我的决定”已由自然所遵循的法则预先决定了？我们真的有自由意志吗？

决定论vs.非决定论

德谟克利特、牛顿、麦克斯韦和爱因斯坦（他的相对论）的物理学都基于决定论；相比之下，伊壁鸠鲁的物理学（原子偏转）和量子力学（海森堡不确定性原理）则基于概率。爱因斯坦的相对论更适合描述宏观世界，而量子力学更适合描述微观世界。不要忘了，我们缺乏对自然的统一描述。

决定论意味着宇宙中每个原子的运动都是精确的（即使我们永远无从得知）。原子在过去的运动方式精确地决定了它们在未来将如何碰撞和运动——这是一种“运动”的“刻板性”。我中午会吃什么也是一样的，**如果**这可以与原子的行为（和运动的刻板性）相联系，那么我若吃了比萨，便是因为原子在遥远的过去（我存在之前）以及此后每一瞬的移动、碰撞和相互作用的方式给我预先决定了，直到其中一些原子最终形成了我和我的大脑，并让我渴望吃比萨。最后我吃了比萨。澄清一点，决定论并不意味着做了坏事的人不应该真的被追责，或因为这种行为是由宇宙预先决定的，所以不是任何人的错。更确切地说，它意味着某人被追责或不被追责**本身**就是**非自愿**的行为。它完全不是一种选择，也是由自然（而非法庭之上的）法则预先决定的——因为对于一个基于决定论的宇宙来说，有一条不可改变的原因链：命运。

另一方面，非决定论意味着宇宙中每个原子的运动都是不确定的和概率性的。原子在过去如何运动是不确定的，因此它们在未来将如何运动也不确定。一般来说，原子可以随意运动，也可以通过几种允许的方式运动——这是一种“运动”的“易变性”。因此，如果我中午会吃什么可以和原子的行为（及运动的易变性）相联系，那我的午餐将是丰富菜单中的一种：比萨、中餐或别的什么。如果原子朝某个方向移动，它们可能会形成一个想吃比萨的大脑；如果它们朝另一个方向移动，可能就会形成一个想吃中餐的大脑。但假如我最后吃了比萨，这是一种选择还是出于偶然？

非决定论能拯救自由意志吗？

这个问题也可以换个方式问：非决定论是否意味着，存在自由意志？伊壁鸠鲁意识到，D原子基于决定论，并断定这意味着不存在自由意志。与斯多葛学派不同，他不想“成为‘命运’的奴隶”[1]，因此他决定解决这个问题。伊壁鸠鲁是第一个尝试在科学理论的语境中对自由意志进行理性解释的人。他认为自发偏转（增加了E原子运动的易变性）恢复了自由意志、伦理和个人对自身行为负责的观念。但果真如此吗？如果产生自由意志的偏转真的是**自发**的，是无法控制的，那么自由意志到底有多自由？“**原子移动时……会在很不确定的时间和地方偏转**。”[2]如果我们无法掌控原子的偏转，那么如何能控制我们的行为呢？毕竟，行为理应是由偏转导致的结果。偏转（或它的现代版本——海森堡不确定性原理）**确实**赋予了E原子其他移动方式，这可能与午餐的各种可能性（比萨、中餐或别的什么）相关，但如果我们无法掌控这种偏转，那么自称掌控着“选择”还有何意义？我最终会吃什么可能只是偶然（量子概率或偏转自发性）的结果，这是纯粹的运气，而非选择。因此，我们并不确定（现代物理学或伊壁鸠鲁物理学的）非决定论能否导向自由意志。如果我们能够掌控偏转（或量子力学的非决定性）和我们的运气，情况会不会有所不同？换言之，人们熟知的“勤奋会带来好运”的俗语有没有科学依据？我们来试论一番。

量子物理学中的非决定论意味着我们无法控制实验结果。如我们（在“不断变化的宇宙”一章）所知，观测行为、一般的干预行为，都会引发原子运动的不确定性。但如果我们**能**以某种方式控制偏转（为了让原子以特定的方式移动，希望借此控制我们的选择），会发生什么呢？我们若能做到这一点，那就侵犯了原子本应有的自由（运动的易变性），如果**我们**拥有控制它们（进而控制我们的选择）的自由的话。也就是说，控制偏转本是为了导向自由意志，却产生了一种悖论，一种矛盾：（1）原子拥有自由（会自由移动，因为它们会偏转），这（2）**在理论上**赋予**我们能够反向掌控它们**的自由，但反向掌控（3）也剥夺了它们原本所需的自由——这有违它们最初的偏转自发性——如果**我们有**自由，就会如此。

因此，虽然非决定论（通过偏转或不确定性原理）或许与午餐的更多可能性有关，但它并不一定意味着自由意志的存在——我最终吃什么这一现实可能只是出于偶然，而非选择。

非决定论会扼杀自由意志吗？

然而，非决定论是否意味着自由意志、**决定论**或严格的规律性的**缺失**呢？这是一个奇怪而矛盾的问题，促使我提出这个问题的是一个有趣的观察：宏观的决定论（秩序和规律性）出自微观的非决定论（量子力学的不确定性和概率）。[3]也就是说，尽管构成太阳、花朵和我们大脑的粒子遵循随机性、量子不确定性，但这些（由很多原子组成的）**大型**（宏观）物体却也遵循秩序和可预测性。这种宏观的秩序（规律性）和可预测性是否意味着自由意志的缺失？

首先，可以给出自微观不确定性的宏观决定论举个简单的例子。假设你在高空的一架齐柏林飞艇上用眼睛观察了曼哈顿一个月，你会发现每天都有很多人造访这个美丽的地方。虽然你无法预测某人是否会在下一个平常的日子里来到曼哈顿，但还是可以很容易地预测出会有很多人来。[4]也就是说，尽管量子力学的定律不允许我们预测单个原子的确切行为，但量子**统计**力学的定律允许我们对众多原子的行为做出合理的预测——而宏观物体正是由众多原子组成的。我们无法预测一个放射性碳-14原子核何时会衰变，但如果我们有数百万个这样的原子核，那就可以相当准确地确定其中一半会在6 000年内衰变。因此，尽管行星、太阳和我们身体的每个原子都遵循量子不确定性定律，但一个系统中所有原子的**集体**行为（由众多粒子组成的宏观物体的行为）是**可以确定**的：地球每天自转一次；我们的心脏每分钟跳动70次；点击手机上的应用程序就会打开它；我们渴求能量的复杂大脑虽然只占我们体重的2%，却需要我们摄入的食物中20%的能量。

现在，一个重要的问题出现了：大脑的思维方式是否有规律性（不管规律性是否明显），就像它消耗能量（或地球自转）的方式一样？如果我们发现这种规律性确实存在，那可能意味着自由意志是缺失的。因为就像我们知道地球在夏天相对于太阳的位置和在冬天相对于太阳的位置一样，我们也知道明天大脑将消耗20%的能量，甚至可以预见大脑（我们自己）将在下周一中午以这种特定的方式思考（哪怕大脑的每个原子的行为都是不确定的）。当然，需要注意的是，如果这种规律性存在但无法被查明，那么就算下周一的行动是预先确定的，对我们来说也仍然未知，因此会有好像出自我们的选择的错觉。如此一来，虽然人们的思维方式有一定的规律性（和可预测性），但这种规律性并不是绝对的。例如，我知道明天早上我会像往常一样喝咖啡，我也一直知道我会研究物理学，但明天我也可能不会喝平常喝的咖啡，也可能不会顺利地研究物理学。这种不确定性（无论其来源是什么）无疑是这个问题的重要争议点，也为自由意志提供了另一种可能性。为何会这样呢？

一部分拥有自由意志，一部分没有选择

根据量子统计力学，一般而言，随着系统中存在的粒子不断增多，系统的规律性也会变得越来越精确。因此，预测多人的集体行动（如几百万人的投票总数，或者10亿个碳-14原子核中的一半何时会衰变）比预测一个人的行动更容易。那么，由于宇宙是终极的多粒子系统，作为一个整体（或在大尺度上），它的行为似乎是可确定的（有规律的）和可预测的——也就是说，我们知道宇宙在膨胀、恒星会如何形成和消亡，以及相撞的黑洞会如何引发时空涟漪。然而，试图预测那些构成宇宙的单个微观粒子（电子、质子等）的行为是做不到的。因此，决定论可能与其对立面的非

决定论一样，都是宇宙的一种属性。对我们来说可能也一样，比如我们的想法和行为。这是因为，我们比宇宙小得多，所以我们不完全基于决定论；但我们又比电子大得多，所以我们也不完全基于非决定论。决定论或许和非决定论一同支配着我们——可能一部分拥有自由意志，一部分没有选择。这很公平，阿那克西曼德可能会说这是宇宙正义，或许吧。正如恩培多克勒的宇宙循环论（见“爱与冲突的化学”一章）所主张的，对于一个无始无终的宇宙来说，“最初”和“最后”并无绝对意义，多而大的复合物体的属性与少而小的物质的属性一样都是基本的。

结论

总而言之，我们面临的考验是，宏观的秩序和可预测性是否意味着自由意志的完全或部分缺失，或者更笼统地说，我们的科学理论中所发现的决定论或非决定论是否意味着有什么东西与自由意志有关？结论：我认为这无法回答，但这是一件幸事，而非遗憾。我个人觉得——尽管并不科学（因为没有证据）——我是有自由意志的，然而，我有这种感觉可能也是预先被决定的。如果命运确实存在，那是什么决定了命运的决定，以及决定命运决定的那个东西又是什么决定的？非决定论（通过偏转或其现代版本——不确定性原理）并不比决定论更能表明自由意志是存在的。与亚里士多德的伦理学专著一样古老的自由意志之争尚未结束，这不只是因为我们缺乏一种万物理论（它可能基于决定论，也可能基于概率论，或者是这两个概念的某种组合），还因为针对这两种对自然的解释，人们都可以提出赞成和反对的论点。爱因斯坦对量子不确定性不抱任何幻想，他那句著名的“上帝不掷骰子”就暗示了这一点，这是对量子力学创始原理——海森堡不确定性原理的一种间接的攻击。对爱因斯坦来说，这个原理有诸多利害关系，因为他的相对论哲学基于决定论，与量子不确定性正好相反。且不论历史如何被写就（是基于决定论，是基于偶然，是基于自由意志，还是这些因素的组合），现在是“我们自己”考虑它的时候了。

Ω 原子关系千万重 ∞

伊壁鸠鲁主义可谓架在古代科学与现代科学之间的思想之桥。它不仅推动了留基伯和德谟克利特的原子论的传播，也将伊壁鸠鲁自己对原子论的独特诠释传给了后来的思想家。[1]

例如，伟大的拉丁语诗人卢克莱修（一位虔诚的伊壁鸠鲁派）创作了鸿篇说理诗《物性论》（*On the Nature of Things*），[2]巧妙地阐述了伊壁鸠鲁的哲学。据古罗马演说家西塞罗（Cicero，前106—前43）所说，伊壁鸠鲁的哲学已经“统御了整个意大利”[3]。伊壁鸠鲁主义的“活力虽在减弱，但它确实在伊壁鸠鲁死后的600年里得以幸存”[4]。这是“希腊化时代［约前323—前30］的一个重要趋势”[5]，而且这一时期研究它（以及原子论）的人中不乏亚历山大图书馆的杰出学者。

此外，“这场斗争的回声［指原子论者与其批评者之间的争论，后者主张物质是连续的，如柏拉图主义者、亚里士多德学派和斯多葛学派］不时地在中世纪（500—1500）的欧洲响起，并在16、17世纪再次以极大的强度爆发了”[6]。然后，人们以更高的热情复兴了伊壁鸠鲁主义，并对其展开了分析。1417年，卢克莱修的一本诗歌在一座修道院重现，再度启发了文艺复兴时期哲学家们的灵感。其中就包括牧师乔尔丹诺·布鲁诺（Giordano Bruno，1548—1600），不幸的是，他被活活烧死在火刑柱上，只因他的科学思想被罗马宗教裁判所视为异端邪说。与哥白尼和伽利略一样，他的宇宙学基于日心说，而不是亚里士多德和天主教会主张的地心说。天文学家、物理学家和自封的哲学家伽利略引用了卢克莱修的作品，将伊壁鸠鲁的落体物理学与亚里士多德的物理学[7]和他自己的物理学[8]进行了比较。（传说他一开始是通过从比萨斜塔上落下的物体来检验自己的落体假说的，但其实是他后来造了一个可以减缓落体运动的斜面，以便于测量，这也是如今大一新生的一项标准物理实验。）1638年，74岁的伽利略出版了一本物理学著作——《关于两门新科学的谈话和数学证明》（*Discourses and*

Mathematical Demonstrations Relating to Two New Sciences），其中便收录了这项工作。此书改变了运动的物理学和数学。这本书还启发了牛顿，这位原子论者又启发了爱因斯坦，爱因斯坦则从理论上证明了原子论，并启发了后来的所有人。哲学家、牧师皮埃尔·伽桑狄（Pierre Gassendi，1592—1655）“明确地将原子论重新引入了现代科学［他通过支持伊壁鸠鲁主义抵制了当时更受青睐的亚里士多德主义］，他是在研究了伊壁鸠鲁所留存的大量著作后才做出这一决定的”[9]。“伽桑狄和笛卡尔（René Descartes，1596—1650，哲学家、数学家、科学家[10]）都将原子论引入了现代科学，从他们的生平和著作可知，他们都充分意识到需要探索古代哲学家的历史，并勤勉地研究了这些哲学家的文稿。”[11]哲学家、物理学家和化学家罗伯特·波义耳（Robert Boyle，1627—1691）也研究了伊壁鸠鲁的物理学——顺便一提，波义耳的那项得出了气体定律[①]的实验也是大一新生的一项标准物理实验。

---

① 指波义耳定律，即一定质量的气体，在温度保持不变时，它的压强和体积成反比。它是波义耳在1662年根据实验结果得出的，也是人类历史上第一个被发现的“定律”。

启蒙哲学家们继续研究着古代原子论，例如，经验论者约翰·洛克（John Locke，1632—1704）；博学家鲁杰罗·朱塞佩·博斯科维奇（Roger Joseph Boscovich，1711—1787），他在1758年发表了一篇有关原子论和力的论文；美国“国父”托马斯·杰斐逊（Thomas Jefferson，1743—1826）宣称：“我也是一个伊壁鸠鲁派。”[12]鉴于“伊壁鸠鲁的不可分理论［勿忘原子之意就是不可分］与休谟①的空间和时间理论［见休谟的《人性论》（*A Treatise of Human Nature*）第二部分，这是爱因斯坦最喜欢的书之一］存在一些有趣的相似之处”[13]，以及休谟认为伊壁鸠鲁悖论②（关于世上为何存在恶）出自伊壁鸠鲁，我倾向于认为休谟这位颇有影响力的思想家也是伊壁鸠鲁学派的门徒。

要接受原子论，其中一个挑战就是关于虚空的争论，这是分离原子并允许它们移动所必需的。例如，柏拉图和

---

① 大卫·休谟（David Hume, 1711—1776），英国不可知论哲学家、经济学家、历史学家。

② 该悖论可归结为4点：（1）如果神想阻止恶而阻止不了，那么神就是无能的；（2）如果神能阻止恶而不愿阻止，那么神就是恶的；（3）如果神既不想阻止也阻止不了恶，那么神就既无能且恶；（4）如果神既想阻止又能阻止恶，那我们的世界为何充满了恶？

亚里士多德——他们的智识影响自出现以来几乎从未中断过——拒斥原子论，只认同实空。但就科学而言，你是谁和你教什么说到底都不重要，因为对科学假设的真理来说，唯一的、最重要的“法官”是实验、观察、**证据**！科学是基于**证据**的知识。

物质原子性的首个证据出现于相对晚近的19世纪，由约翰·道尔顿（John Dalton，1766—1844）在实验中发现。[原子的证据等待了2 500年，直到“手”（技术）赶上了头脑的想法，并创设了适当的实验工具才得以现世。]也是在那时，原子论开始从纯粹的理论科学假说转变为一种经实验验证的假说——由此跻身于自然法则之列！颇具影响力的物理学家麦克斯韦和路德维希·玻尔兹曼（Ludwig Boltzmann，1844—1906）也欣然接受了原子论。顺便一提，麦克斯韦关于电磁波动（由加速带电荷的离散原子粒子引起）的理论工作激发了爱因斯坦，让他（在其相对论中）想象出时空波动——也称引力波，不久前已因一次黑洞碰撞而被探测到——是由物质引起的。通过其他科学家的另一些实验工作，原子概念得到了进一步确立，其中包括物理学家约瑟夫·约翰·汤姆逊，他于1897年发现了电子。

1905年，爱因斯坦在解释布朗运动[14]时曾要求将其方程中的物质视为原子性的，由此从理论上预测了原子的存在。有趣的是，留基伯和德谟克利特也要求物质是原子性的，以便理性地解释运动，包括所有运动。1905年是爱因斯坦的“奇迹之年”：他在当年发表了狭义相对论，提出了质能等价理论（著名的$E=mc^2$），并将物质（电子）**和**能量（光、光子）都视为原子性的（由离散的粒子构成，在空间中不连续分布），以此阐明了光电效应原理。他对光电效应的解释为其赢得了1921年的诺贝尔物理学奖。

1911年，汤姆逊的学生、物理学家欧内斯特·卢瑟福通过实验发现了原子核。卢瑟福的学生尼尔斯·玻尔进一步提出了原子的理论概念（以及他那个著名的氢原子玻尔模型），其他诸多实验和理论科学家也都对此展开了研究，包括海森堡、薛定谔、保罗·狄拉克（Paul Dirac，1902—1984）、费曼和20世纪以来的**所有物理学家**——因为原子论自那以后一直都是无可争议的自然法则，并被（直接或间接地）纳入了我们的教学和研究之中。

事实上，研究圈量子引力的物理学家们都渴望证明原子不仅是物质和能量，它还是空间。我确信他们的研究受益于伊壁鸠鲁及其门生的严谨逻辑——事实上也包括亚里士多德的逻辑（可以参考他对原子论展开的论据充分的批评）。

一种观念的影响力不仅出自它的支持者，也源自它激烈的批评者。没有比（巴门尼德和芝诺的）爱利亚学派、柏拉图学派、亚里士多德学派和斯多葛学派对原子论的批评更激烈的了。在文艺复兴时期和启蒙运动以来的大思想家中，有谁没有读过这些哲学流派（尤其是后三个流派）的作品呢？虽然尼采（Friedrich Nietzsche，1844—1900）很“钦佩毕达哥拉斯之外的前苏格拉底哲人［公元前6和5世纪的希腊自然哲学家］”[15]，但即使是他也拒斥了原子论。著名哲学家和物理学家马赫也是如此，他宣称“我不相信原子存在”[16]。化学家威廉·奥斯特瓦尔德（Wilhelm Ostwald，1853—1932）也宣扬了这种观点，因为他们的哲学思想都已经过严谨的审视。

“如果我看得更远，那是因为我站在巨人的肩膀上。”牛顿在1675年如是说，他学习了伊壁鸠鲁的物理学[17]、拉丁语[18]、希腊语和欧几里得几何学。将古代原子论从过去传播至今的不仅是自然哲学或普通科学，也包括数学，因为自毕达哥拉斯时代以来，人们就意识到科学的语言是数学。例如，

"柏拉图对科学的主要贡献就出自他对无理［数和线］问题的认识，以及对毕达哥拉斯哲学和原子论的修正"[19]。受毕达哥拉斯学派数学的启发，柏拉图用物即形、形式、**理型**取代了毕达哥拉斯的"万物皆数"，由此演变成了一位**几何**原子论者[20]（见"数与形"一章）。

回看这段极简的思想史，显然古代自然哲学和现代物理学之间知识的传承是紧密而系统的。[21]我希望通过本书来重新唤起这种联系，这不仅是为了回顾历史，也是为了启发新的思想。我相信，（古今）哲学和现代物理学之间的相互作用永远是一条更具启发性的求真之路。伟大的哲学家都曾是物理学家，伟大的物理学家也都曾是哲学家。在"哲学与物理学"一章，我们曾问到什么是哲学，以及什么是物理学。哲学就是部分的物理学，物理学是部分的哲学，就像E原子的组件一样，它们（应该）在追寻万物理论的过程中构成一个不可分割的同盟。对自然的**洞见**及**哲学**，应该推动物理学的数学发展，而不是将了无生气的数学本身强加给充满活力的宇宙。

Ω 结　语 ∞

人们对知识的古老探求，始于20万年前人类这一物种的演化，始于我们在为生存而斗争、为繁荣的发展和充实的生活而努力的过程中所经历的一切。我们狩猎和采集、在洞穴里作画、讲故事、驯化动植物、创建家园、探索自然、孕育文明和宗教、学会写作、展开哲学思辨，并从事科学研究。事实上，我们一直在做着奇妙的事，而让人惊讶的是，我们在越来越多地根据科学来做这些。

自古希腊自然哲学在2 600年前诞生以来，科学的发展取得了显著进步。尽管如此，它的最终目标在根本上始终未变，那就是理性地理解自然，并将对所有自然现象的解释还原为尽可能少的基本假设（第一因或公理）——在理想的情况下就只有一个，也就是一个统一的万物理论。那么，假设它已经实现了，人类的心智会感到满足吗？

我们之所以很喜欢荷马的《奥德赛》(*Odyssey*),是因为这个故事与旅途(事实上是一段漫长的旅程)有关,而非目的地。英雄奥德修斯回到故乡伊萨卡后不久,故事就结束了,这让读者感到郁闷——人们更喜欢过程而不是终点。奥德修斯回归以后,伊萨卡的诸般事件虽也让读者惊叹、兴奋不已,而且读者从故事一开始就热切地等待着这一刻的到来,但旅程的完成也为这场史诗般的冒险画上了一个绝对的句号。

自然之美在于她的隐秘;神奇之处在于我们的发现。我从来不想遍知万物——让知识、探索和发现之旅永远终结。如果我做到了,接下来要做什么?那神奇之处又会如何?空间、时间、物质、能量、人类用来观察的感官和用来思考的心智——这些都是自然,她的本质就是她众多的隐秘(她的影子)。它们的确很多,却可以被理解(可以被窃取,就像普罗米修斯盗火一样)!我希望你们也能经历一段神奇的、无尽的旅程,在科学的光芒之下追寻自然的本质!

欧几里得的一个学生曾发问:"我若学习几何,能赚到什么?"欧几里得讥讽地答道:"如果你要通过学到的东西赚钱，那这里就有一枚硬币。”说真的，我们为什么要学习呢？因为我们可以。这可能是最好的回答，但也因为知识的旅程有无穷的乐趣。当然，在宇宙的智慧面前，我们应该始终保持谦逊，因为很多有学问的人（德谟克利特、苏格拉底、罗素）都已认识到，我们对万物的认知可能都是错的。

注 释

引 言

1 卡洛·罗韦利也持相同观点，见Carlo Rovelli, *Reality Is Not What It Seems* (New York: RiverHead Books, 2017), 21 (Kindle ed.)。

哲学与物理学

1 Aristotle, *Organon*.
2 自此以后，“科学”一词的含义变得如此狭窄了。
3 之所以这么称呼，是因为这些人都研究过自然。
4 Plato, *Apology*, 20e–21b.
5 其他人还混淆了“*gnome*”（指判断或看法，而不是花园里的装饰品地精）和“*gnosis*”（知识）。
6 准确引述的话应是：“我知道一件事，那就是我一无所知。”
7 这是在古希腊德尔斐神谕中发现的铭文。
8 熵定律描述的是宇宙走向更大的无序的趋势。它在一切事物上都有体现，包括人类的身体。随着时间的流逝，我们身体的性质会变得越来越无序，每个人都在变老。进食会减缓熵增，从而减缓衰老的过程。我想说，思考也有可能会减缓衰老的过程。
9 “400 Albert Einstein Quotes That Will Move (and Surprise You),”

Wisdom Quotes, http://wisdomquotes.com/albert-einstein-quotes/ (accessed July 14, 2019).

10 希腊语中的哲学。

11 Plato, *The Republic*, Book V, trans. Benjamin Jowett, in *The Complete Works of Plato* (The Complete Works Collection, 2011), Kindle Locations 25382–25383.

12 Karl R. Popper, *Conjectures and Refutations: The Growth of Scientific Knowledge* (London: Routledge, 1989), 68.

13 Bertrand Russell, *The History of Western Philosophy* (New York: Simon & Schuster, 1945), xiii.

14 Popper, *Conjectures and Refutations*, 72.

15 引自 Paul G. Hewitt, Suzanne Lyons, John A. Suchocki, and Jennifer Yeh, *Conceptual Integrated Science*, 2nd ed. (Boston: Pearson, 2013), 5。

16 至少在某种意义上，哲学家们通常都不会通过实验来检验自己的主张；毋宁说他们依赖的是自己逻辑的可靠性。但对于物理学家来说，最终定义科学知识的就是实验。

17 Abraham Pais, *Subtle Is the Lord: The Science and the Life of Albert Einstein* (New York: Oxford University Press, 2005), 13.

18 Plato, *Republic*, Book VII.

各派哲人的亲密接触

1 Leon Lederman and Dick Teresi, *The God Particle: If the Universe Is the Answer, What Is the Question?* (Boston: Houghton Mifflin, 1993). 本章的灵感来自该文献第2章，作者在其中想象了一段与德谟克利特的对话。

追寻万物理论

1 Aristotle, *Metaphysics* 983b6–13, 17–27. 或参见 Daniel W. Graham,

The Texts of Early Greek Philosophy: The Complete Fragments and Selected Testimonies of the Major Presocratics (Cambridge: Cambridge University Press, 2010), 29 (text 15); Aëtius 1.31, 1.10.12。或Graham, *Texts of Early Greek Philosophy*, 29 (text 16); Simplicius, *Physics* 23.21–29。或Graham, *Texts of Early Greek Philosophy*, 29 (text 17)。

2 Aristotle, *Metaphysics* 983b6–13, 17–27.或Graham, *Texts of Early Greek Philosophy*, 29 (text 15)。

3 Aëtius 1.31, 1.10.12. 或 Graham, *Texts of Early Greek Philosophy*, 29 (text 16)。

4 同上。

5 同上；Aristotle, *Metaphysics* 983b6–13, 17–27。或 Graham, *Texts of Early Greek Philosophy*, 29 (text 15)。

6 Stephen Hawking, *A Brief History of Time: From the Big Bang to Black Holes* (New York: Bantam Books, 1988), chap. 5.

7 Charles W. Misner, Kip S. Thorne, and John Archibald Wheeler, *Gravitation* (Princeton, NJ: Princeton University Press, 2017), 5.

8 Brian Greene, *The Elegant Universe: Superstrings, Hidden Dimensions, and the Quest for the Ultimate Theory* (New York: W. W. Norton & Company, 1999), 144; Michio Kaku and Jennifer Trainer Thompson, *Beyond Einstein: The Cosmic Quest for the Theory of the Universe* (New York: Anchor Books, 1995).

9 Carlo Rovelli, *Reality Is Not What It Seems* (New York: RiverHead Books, 2017) (Kindle ed.); Carlo Rovelli, *Seven Brief Lessons on Physics* (New York: RiverHead Books, 2016) (Kindle ed.).

10 Hawking, *A Brief History of Time*, chap. 7 (“Black Holes Ain’t So Black”).

11 Aristotle, *On the Soul* 411a7–8, trans. Graham, *Texts of Early Greek Philosophy*, 35 (text 35).

12 Diogenes Laërtius 1.24.或 Graham, *Texts of Early Greek*

Philosophy, 21 (text 1)。

13 Pliny, Natural History 2.53. 或 Daniel W. Graham, *The Texts of Early Greek Philosophy: The Complete Fragments and Selected Testimonies of the Major Presocratics* (Cambridge: Cambridge University Press, 2010), 25 (text 5)。

14 Plato, *Theaetetus* 174a4–8, trans. Graham, *Texts of Early Greek Philosophy*, 25 (text 7).

15 Dante, *Divine Comedy*, trans. BookCaps (BookCaps Study Guides, 2013), Kindle Locations 10900–10901.

16 Aristotle, *Politics* 1259a5–21, trans. Graham, *Texts of Early Greek Philosophy*, 25 (text 8).

17 Diodorus of Sicily 1.39.1–3. 或 Graham, *Texts of Early Greek Philosophy*, 563 (text 84)。

18 Aristotle, *Meteorology* 342b25, trans. Demetris Nicolaides. 或 Graham, *Texts of Early Greek Philosophy*, 303 (text 48)。

宇宙正义

1 关于阿派朗的双重词源，参见 Richard D. McKirahan, *Philosophy before Socrates* (Indianapolis: Hackett, 2010), 34 (Kindle ed.)。

2 Werner Heisenberg, *Physics and Philosophy: The Revolution in Modern Science* (New York: Harper Torchbooks, 1962), 36.

3 Lederman and Teresi, *God Particle*, 56.

4 在开尔文温标中，绝对零度为0开尔文（0K），即−273.15摄氏度（−273℃），或−459.67华氏度（−459.67℉）。

5 Aristotle, *On the Heavens* 295b10–16. 另见 Daniel W. Graham, *The Texts of Early Greek Philosophy: The Complete Fragments and Selected Testimonies of the Major Presocratics* (Cambridge: Cambridge University Press, 2010), 59 (text 21)。

6 Karl R. Popper, *Conjectures and Refutations: The Growth of*

Scientific Knowledge (London: Routledge, 1989), 138.

7 John Burnet, *Early Greek Philosophy* (London: A & C Black, 1920), chap. 1.

8 Charles Scott Sherrington, *Man on His Nature* (Cambridge: Cambridge University Press, 2009), 302.

9 Erwin Schrödinger, *Nature and the Greeks and Science and Humanism* (Cambridge: Cambridge University Press, 1996), 66.

10 Heisenberg, *Physics and Philosophy*, 128.

11 Richard P. Feynman, *Six Easy Pieces* (New York: Perseus Publishing, 1963), 22.

12 Aëtius 5.19.4. 另见 Graham, *Texts of Early Greek Philosophy*, 63 (text 37); Censorinus 4.7。另见 Graham, *Texts of Early Greek Philosophy*, 63 (text 38); Hippolytus, *Refutation* 1.6.6。另见 G. S. Kirk, J. E. Raven, and M. Schofield, *The Presocratic Philosophers* (Cambridge: Cambridge University Press, 1983), Kindle Location 3598; Plutarch, *Symposium* 730e 另见 Graham, *Texts of Early Greek Philosophy*, 63 (text 39); Ps.- Plutarch, *Strom*. 2。参见 Kirk, *Presocratic Philosophers*, Kindle Location 3590。

13 Censorinus 4.7; Hippolytus, *Refutation* 1.6.6; Plutarch, *Symposium* 730e; Ps.- Plutarch, *Strom*. 2.

14 Aëtius 5.19.4; Hippolytus, *Refutation* 1.6.6.

通往真相的垫脚石

1 Simplicius, *Physics* 24.26–25.1, Theophrastus frag. 226A. 另见 Daniel W. Graham, *The Texts of Early Greek Philosophy: The Complete Fragments and Selected Testimonies of the Major Presocratics* (Cambridge: Cambridge University Press, 2010), 75 (text 3)。

2 这是一种对自然的自下而上的哲学解释。本书“爱与冲突的化学”一章会介绍自上而下的哲学观。

3 Aëtius 1.3.4, trans. John Burnet, *Early Greek Philosophy* (London: A & C. Black, 1920), chap. 1.

4 Hippolytus, *Refutation* 1.7, trans. Burnet, *Early Greek Philosophy*, chap. 1.

5 Aëtius 3.3.2, trans. Burnet, *Early Greek Philosophy*, chap. 1.

6 薛定谔也表达了这一观点，参见 Erwin Schrödinger, *Nature and the Greeks and Science and Humanism* (Cambridge: Cambridge University Press, 1996); Werner Heisenberg, *Physics and Philosophy: The Revolution in Modern Science* (New York: Harper Torchbooks, 1962)。

7 Sextus Empiricus, *Against the Professors* 7.135, trans. Schrödinger, *Nature and the Greeks*, 89.

8 Aristotle, *Metaphysics* 985b4–20, trans. Graham, *Texts of Early Greek Philosophy*, 525 (text 10).

9 同上。

10 Carl Sagan, *Cosmos* (New York: Random House, 1980), 181.

11 Schrödinger, *Nature and the Greeks*, 62–65, 84–86, 157–162.

12 同上，160。

13 同上，62。

数与形

1 Aristotle, *Metaphysics* 987b22.另见 Erwin Schrödinger, *Nature and the Greeks and Science and Humanism* (Cambridge: Cambridge University Press, 1996), 35。

2 Diogenes Laërtius 8.46.参见 G. S. Kirk, J. E. Raven, and M. Schofield, *The Presocratic Philosophers* (Cambridge: Cambridge University Press, 1983), Kindle Locations 9294–9295。

3 Aëtius 2.1.1, trans. Demetris Nicolaides. 参见希腊语著作 Βας.

A. Κύρκος (Vas. A. Kyrkus), Οι Προσωκρατικοί: Οι Μαρτυρίες και τα Αποσπάσματα τόμος Α (*The Presocratics: Testimonies and Fragments*, vol. A) (Αθήνα: Εκδόσεις Δημ. Ν. Παπαδήμα, 2005), (Athens: Publications Dem. N. Papadima, 2005), 247。

4 Aristotle, *On the Heavens* 290b12, trans. Demetris Nicolaides. 另见 Kirk, Raven, and Schofield, *Presocratic Philosophers*, Kindle Locations 9131–9133。

5 Johannes Kepler, *The Harmonies of the World*, 引自 George N. Gibson and Ian D. Johnston, "New Themes and Audiences for the Physics of Music," Physics Today 55, no. 1 (January 2002): 44。

6 语出阿诺德·索末菲，引自 Gibson and Johnston, "New Themes and Audiences for the Physics of Music," Physics Today 55, no. 1 (January 2002): 43。

7 *The Elegant Universe: Part 1*, PBS, October 28, 2003.

8 Plato, *Timaeus* 53 c – 57 e.

9 亚里士多德区分了天和地，但如今的我们知道，天和地是由同样的质料构成的。对于一个系外行星上的文明来说，我们的地球在他们的天上，就像他们的"地球"（系外行星）在我们的天上一样。

10 Plato, *Republic*, Book V to Book VII; Bertrand Russell, *The History of Western Philosophy* (New York: Simon & Schuster, 1945), 119–132; Karl R. Popper, *Conjectures and Refutations: The Growth of Scientific Knowledge* (London: Routledge, 1989), 90–96.

11 Schrödinger, *Nature and the Greeks*, 122; Werner Heisenberg, *Physics and Philosophy: The Revolution in Modern Science* (New York: Harper Torchbooks, 1962), 45–46.

12 Popper, *Conjectures and Refutations*, 87.

13 Schrödinger, *Nature and the Greeks*, 45.

14 同上。

15 Russell, *History of Western Philosophy*, 214.

16 同上，217。

17 Albert Einstein, *Relativity: The Special and General Theory* [New Kindle Edition with Readable Equations] (Kindle Locations 615–616).

18 Russell, *The History of Western Philosophy*, 540; Isaac Asimov, *Understanding Physics* (Dorset Press, 1988), vol. II, 117–119.

19 Albert Einstein and Leopold Infeld, *The Evolution of Physics* (London: Cambridge University Press, 1938), 222–223.

20 KIK. Acad. Pr. II 39, 123, trans. Demetris Nicolaides. 参见希腊语著作 *Προσωκρατικοί (Presocratics)*, vol. 13 (Athens, Greece: Kaktos, 2000), 73, https://www.kaktos.gr/001110 (accessed July 14, 2019)。

21 Aëtius 3.13.3, trans. Demetris Nicolaides. 参见希腊语著作 *Προσωκρατικοί (Presocratics)*, vol. 13 (Athens, Greece: Kaktos, 2000), 73, https://www.kaktos.gr/001110 (accessed July 14, 2019)。

22 出自牛顿，引自 Carlo Rovelli, *Reality Is Not What It Seems* (New York: RiverHead Books, 2017), 72 (Kindle ed.)。

23 Popper, *Conjectures and Refutations*, 169, 171–172.

24 同上，172。

25 Albert Einstein, *Relativity: The Special and General Theory* [New Kindle Edition with Readable Equations] (Kindle Location 751).

26 Plato, *Timaeus* 79 c; 另见 80 c, 79 b, 52 e, 57 d。

27 Lucretius, *On the Nature of the Universe* 1.373–384, trans. R. E. Latham (London: Penguin Books, 2005), 19.

不断变化的宇宙

1 Origen, *Against Celsus* 6.42, trans. Graham, *Texts of Early Greek Philosophy*, 157 (text 58).

2 Aristotle, *Eudemian Ethics* 1235a25–29, trans. Graham, *Texts of*

Early Greek Philosophy, 157 (text 60).

3 Hippolytus, *Refutation* 9.9.2. 或见 Bertrand Russell, *The History of Western Philosophy* (New York: Simon & Schuster, 1945), 43。

4 Themestius, *Orations* 5.69b, trans. Demetris Nicolaides. 或见 Graham, *Texts of Early Greek Philosophy*, 161 (text 75)。

5 Erwin Schrödinger, *Nature and the Greeks and Science and Humanism* (Cambridge: Cambridge University Press, 1996), 157.

6 Leon Lederman and Dick Teresi, *The God Particle: If the Universe Is the Answer, What Is the Question?* (Boston: Houghton Mifflin, 1993).

7 也就是说，你先做什么很重要。测量位置会影响速度，测量速度会影响位置。因此，交换律在此不适用。位置 × 速度 ≠ 速度 × 位置。

8 普朗克常数是一个非常小的数字，它等于 6.63×10^{-34} 焦耳·秒。

9 尽管对于相对论的“块状宇宙”解释来说，变化似乎是一种幻觉（见“不变的宇宙”一章）。

10 Plato, *Cratylus* 402a8–10, trans. Graham, *Texts of Early Greek Philosophy*, 159 (text 63).

11 Clement, *Miscellanies* 5.103.6, trans. Demetris Nicolaides. 或见 Graham, *Texts of Early Greek Philosophy*, 155 (text 47)。

12 同上，5.104.3–5, trans. John Burnet, *Early Greek Philosophy* (London: A & C Black, 1920), chap. 3。

13 Plutarch, *On the E at Delphi* 338d–e, trans. Graham, *Texts of Early Greek Philosophy*, 157 (text 55).

14 Clement, *Miscellanies* 5.103.6. Or see Graham, *Texts of Early Greek Philosophy*, 155 (text 47).

15 Karl R. Popper, *Conjectures and Refutations: The Growth of Scientific Knowledge* (London: Routledge, 1989), 147.

16 Werner Heisenberg, *Physics and Philosophy: The Revolution in Modern Science* (New York: Harper Torchbooks, 1962), 37.

17 同上，45。

18 Heraclitus, *Homeric Questions* 24, trans. Demetris Nicolaides. 或见 Graham, *Texts of Early Greek Philosophy*, 159 (text 65)。

19 Schrödinger, *Nature and the Greeks*, 123–125.

不变的宇宙

1 Clement, *Miscellanies* 6.23, trans. Erwin Schrödinger, *Nature and the Greeks and Science and Humanism* (Cambridge: Cambridge University Press, 1996), 27.

2 虽然面包是三维的（有两个空间维度和一个时间维度），但真实的宇宙是四维的（有三个空间维度和一个时间维度）。

3 语出爱因斯坦，引自 Brian Greene, *The Fabric of the Cosmos: Space, Time, and the Texture of Reality* (New York: Vintage, 2005), 139。以及 Carlo Rovelli, *Seven Brief Lessons on Physics* (New York: RiverHead Books, 2016), 60 (Kindle ed.)。

4 以适当的速度和距离远离。数字由相对论方程计算得出。

5 也就是说，我的婴孩自我对于她来说是一个即时的事件，但对于我来说不是。如此看来，“你活在过去”这个表达突然变得更有深意了。

6 如果变化真的是一种错觉，那么它是如何产生的，为何会让我们拥有对宇宙的个人视角，通过这一视角，却只记得或了解过去（而且只有一部分过去），而非未来（一种被称为“心理时间”的体验）？这是一个悬而未决的问题。与此不同的是，月球看起来很小的这种错觉则可以归因为它与我们的距离。

7 Karl R. Popper, *Unended Quest: An Intellectual Autobiography* (London: Routledge Classics, 2002), 148; 或见 https://books.google.com/books?id=NyCEnehPMd8C&pg=PA148&lpg=PA148&dq= popper+einstein+parmenides&q=&hl=en#v=onepage&q=popper%20einstein%20parmenides&f=false (accessed January 9, 2017)。

8 在我看来，存在的完备性也可以通过将块状宇宙类比为“画”来诠释（见“存在与块状宇宙”一节末尾），其中的每一个时空点都是“完整的”和不变的，但它们因为与其他时空点不同，由此造就了一个不变但多样的宇宙。

9 Aristotle, *Metaphysics* 985b4–20, trans. Daniel W. Graham, *The Texts of Early Greek Philosophy: The Complete Fragments and Selected Testimonies of the Major Presocratics* (Cambridge: Cambridge University Press, 2010), 525 (text 10).

10 同上。

11 值得再次强调的是，这个回答在意料之中。因为如前所述，帮助我们得出答案的不确定性原理一开始就是为了描述事物而不是虚无。虚无这一概念无法被描述。

12 语出爱因斯坦，引自 Joanne Baker, *50 Physics Ideas You Really Need to Know* (London: Quercus, 2007), 165。

13 Werner Heisenberg, *Physics and Philosophy: The Revolution in Modern Science* (New York: Harper Torchbooks, 1962).

14 Abraham Pais, *Subtle Is the Lord: The Science and the Life of Albert Einstein* (New York: Oxford University Press, 2005), 5.

15 J. J. Sakurai, *Modern Quantum Mechanics* (Menlo Park, CA: The Benjamin/Cummings Publishing Company, 1985), 226–229.

16 Graham, *Texts of Early Greek Philosophy*, 211–219.

17 同上，219–233。

18 在科学方法的语境之中。

19 Stephen Hawking, *A Brief History of Time: From the Big Bang to Black Holes* (New York: Bantam Books, 1988), chap. 8.

自然的悖论

1 Aristotle, *Physics* 239b9–14, trans. Daniel Kolac and Garrett Thomson, *The Longman Standard History of Philosophy* (New

York: Pearson, 2005), 33.

2 Elias, *Commentary on Aristotle's Categories* 109.20–22. 或见 Richard D. McKirahan, *Philosophy Before Socrates* (Indianapolis: Hackett, 2010), 182 (Kindle ed.)。

3 Bertrand Russell, *The History of Western Philosophy* (New York: Simon & Schuster, 1945), 124.

4 Aristotle, *Physics* 239b14–20, trans. Demetris Nicolaides. 或见 Daniel W. Graham, *The Texts of Early Greek Philosophy: The Complete Fragments and Selected Testimonies of the Major Presocratics* (Cambridge: Cambridge University Press, 2010), 261 (text 18)。

5 同上, 239b30–33。或见 Graham, *Texts of Early Greek Philosophy*, 261 (text 19); 同上，239b5–9。或见 Graham, *Texts of Early Greek Philosophy*, 261 (text 20); Diogenes Laërtius 9.72。或见 Graham, *Texts of Early Greek Philosophy*, 261 (text 21)。

6 David J. Furley, *Two Studies in the Greek Atomists* (Princeton, NJ: Princeton University Press, 1967), 119.

7 Robert J. Oppenheimer, *Science and the Common Understanding* (New York: Simon & Schuster, 1954), 40.

8 Aristotle, *Physics* 209a23–25, trans. Demetris Nicolaides. 或见 Graham, *Texts of Early Greek Philosophy*, 263 (text 24).

9 Simplicius, *Physics* 140.34–141.8. 或见 Graham, *Texts of Early Greek Philosophy*, 255 (text 7); 同上, 140.27–34。或见 Graham, *Texts of Early Greek Philosophy*, p. 259 (text 13)。

爱与冲突的化学

1 Leon Lederman and Dick Teresi, *The God Particle: If the Universe Is the Answer, What Is the Question?* (Boston: Houghton Mifflin, 1993), 340.

2 毕达哥拉斯和西雅娜（Theano）的儿子特劳格（Telauges）

是恩培多克勒的老师。参见希腊文著作 *Προσωκρατικοί* (*Presocratics*), vol. 6 (Athens, Greece: Kaktos, 1999), 229, https://www.kaktos.gr/000967 (accessed July 15, 2019)。

3 Werner Heisenberg, *Physics and Philosophy: The Revolution in Modern Science* (New York: Harper Torchbooks, 1962), 27–28, 122.

4 Simplicius, *Physics* 158.1–159.4. 或见 Daniel W. Graham, *The Texts of Early Greek Philosophy: The Complete Fragments and Selected Testimonies of the Major Presocratics* (Cambridge: Cambridge University Press, 2010), 251 (text 41)。

5 Lucretius, *On the Nature of the Universe* 1.764–769, trans. R. E. Latham (London: Penguin Books, 2005), 28.

6 Plato, *Statesman*, 268–274e.

7 在相对论中，物体在空间中的传播速度不可能比光速快，但空间本身可以以大于光速的速度膨胀。

8 Jeffrey Bennett, Megan Donahue, Nicholas Schneider, and Mark Void, *The Essential Cosmic Perspective*, 7th ed. (Boston: Pearson, 2013), 450.

9 Aristotle, *On Youth, Old Age, Life, Death, and Respiration*, 473b9–474a6. 或见 Graham, *Texts of Early Greek Philosophy*, 387 (text 127)。

10 也就是说，奥伯斯认为，（a）无限遥远的恒星的星光最终会到达我们的眼睛。但这是有争议的，因为无限性并不是现实性，它只是一种可能性。因此，如若不然，（b）这种星光就可能会（在无限的时间内）无限期地传播，却永远不会实际穿过分隔我们（和恒星）的无限空间，从而让我们看到。在这种情况下，这个悖论就不再是悖论。另外，如果我们把无限性视作现实性，就像（a）的情况一样，那么（c）一颗无限远的恒星实际上也是无穷小的，是一个真正的点，一个零大小的恒星，一个不存在的光源。因此，这类恒星群看起来就会是黑暗的（而不是发光的），就像夜空中的暗斑一样。但奥伯斯没有考虑到这些可能的情况。

11 Simplicius, *On the Heavens* 529.1–17, trans. Graham, *Texts of Early Greek Philosophy*, 361 (text 51).

12 同上。

13 同上，trans. Bertrand Russell, *The History of Western Philosophy* (New York: Simon & Schuster, 1945), 54。

14 同上，586.12, 587.1–2, trans. John Burnet, *Early Greek Philosophy* (London: A & C Black, 1920), chap. 7 (frag. 57)。

万物中存有万物

1 Simplicius, *Physics* 164.24–25, 156.13–157.4, 176.34–177.6. 或见 Daniel W. Graham, *The Texts of Early Greek Philosophy: The Complete Fragments and Selected Testimonies of the Major Presocratics* (Cambridge: Cambridge University Press, 2010), 291 (text 31)。

2 同上，164.23–24, trans. G. E. R. Lloyd, *Early Greek Science: Thales to Aristotle* (New York: W. W. Norton & Company, 1970), 44。

3 同上，27.2–23。参见 Gregory Vlastos, *Studies in Greek Philosophy: Volume 1 The Presocratics* (Princeton, NJ: Princeton University Press, 1993), 319。

4 Simplicius, *Physics* 176.29, 175.12–14. 或见 Richard D. McKirahan, *Philosophy before Socrates* (Indianapolis: Hackett, 2010), 194 (Kindle ed.)。

5 我们可以设想宇宙是由平行宇宙构成的。

6 Petar V. Grujic, "The Concept of Fractal Cosmos: I. Anaxagoras' Cosmology," Serb. Astron. J. no 163 (2001): 21–34. 出自 http://saj.matf.bg.ac.rs/163/pdf/021-034.pdf (accessed July 15, 2019)。

7 Sean Carroll, The Big Picture: On the Origins of Life, Meaning,

and the Universe Itself (New York: Penguin, 2016), 323 (Kindle ed.).

8 Yurij Baryshev and Pekka Teerikorpi, *Discovery of Cosmic Fractals* (River Edge, NJ: World Scientific, 2002).

9 Carroll, *The Big Picture*, 323.

10 Diogenes Laërtius 2.6–15, trans. Demetris Nicolaides. 或见 Graham, *Texts of Early Greek Philosophy*, 275 (text 1)。

11 同上。

12 同上。

物质原子与能量原子

1 Sextus Empiricus, *Against the Professors* 7.135, trans. Erwin Schrödinger, *Nature and the Greeks and Science and Humanism* (Cambridge: Cambridge University Press, 1996), 89.

2 顺便一提，亚里士多德也没有解释他所说的“自然的运动”，即物体向下落到地面的现象，他只称之为“自然现象”。

3 Plutarch, *Against Colotes* 1110f–1111a, trans. Daniel W. Graham, *The Texts of Early Greek Philosophy: The Complete Fragments and Selected Testimonies of the Major Presocratics* (Cambridge: Cambridge University Press, 2010), 537(text 28).

4 Aristotle, *On Generation and Corruption* 315b6–15. 或见 Graham, *Texts of Early Greek Philosophy*, 541 (text 41)。

5 同上，324b35–325a6, a23–b5, trans. Graham, *Texts of Early Greek Philosophy*, 529 (text 14)。

6 Sextus Empiricus, *Outlines of Pyrrhonism* 2.63, trans. Demetris Nicolaides. 参见希腊语著作 Βας. Α. Κύρκος (Vas. A. Kyrkus), Οι Προσωκρατικοί: Οι Μαρτυρίες και τα Αποσπάσματα τόμος Β (*The Presocratics: Testimonies and Fragments*, vol. B) (Αθήνα: Εκδόσεις Δημ. Ν. Παπαδήμα, 2007), (Athens: Publications Dem. N.

Papadima, 2007), 255。

7 Graham, *Texts of Early Greek Philosophy*, 579–595.

8 尽管事实上，到目前为止还没有实验证明QL原子的尺寸绝对为零，只是它们超级小，因此可以视其为点粒子。令人信服。

9 Richard P. Feynman, *The Feynman Lectures on Physics* (Boston: Addison-Wesley, 1963), 1–2.

10 Leon Lederman and Dick Teresi, *The God Particle: If the Universe Is the Answer, What Is the Question?* (Boston: Houghton Mifflin, 1993), 340.

11 Aristotle, *Metaphysics* 985b4–20. 或见 Graham, *Texts of Early Greek Philosophy*, 525 (text 10)。

12 Simplicius, *On the Heavens* 242.15–26, trans. Graham, *Texts of Early Greek Philosophy*, 533 (text 23).

13 Bertrand Russell, *The History of Western Philosophy* (New York: Simon & Schuster, 1945), 71.

14 Plutarch, *Against Colotes* 1108f–1109a, trans. Graham, *Texts of Early Greek Philosophy*, 527 (text 13).

15 Isaac Asimov, *Understanding Physics* (xx: Dorset Press, 1988), 7.

16 Lederman and Teresi, *The God Particle*, 44.

17 Banesh Hoffman, *The Strange Story of the Quantum* (New York: Dover, 1959), 68.

18 Brian Greene, *The Elegant Universe: Superstrings, Hidden Dimensions, and the Quest for the Ultimate Theory* (New York: W. W. Norton & Company, 1999), 114.

19 Katherine Freese, *The Cosmic Cocktail, Three Parts Dark Matter (Science Essentials)* (Princeton, NJ: Princeton University Press, 2014), 195.

20 Jeffrey Bennett, Megan Donahue, Nicholas Schneider, and Mark Void, *The Essential Cosmic Perspective*, 7th ed. (Boston: Pearson, 2013), 479.

21 Werner Heisenberg, *Physics and Philosophy: The Revolution in Modern Science* (New York: Harper Torchbooks, 1962), 40.

22 Aëtius 1.3.18, S 1.14.1f. 或见 Graham, *Texts of Early Greek Philosophy*, 537 (texts 31, 32); Cicero, *On Fate* 20.46。或见 Graham, *Texts of Early Greek Philosophy*, 537 (text 33)。

23 Aëtius 1.4.1–4. 或见 Graham, *Texts of Early Greek Philosophy*, 541–545。

24 Charles W. Misner, Kip S. Thorne, and John Archibald Wheeler, *Gravitation* (Princeton, NJ: Princeton University Press, 2017), 5.

25 Sextus Empiricus, *Against the Professors* 7.135–37, trans. Demetris Nicolaides. 或见 Graham, *Texts of Early Greek Philosophy*, 595 (text 136)。

26 Galen, *On Medical Experience* 15.7, trans. Demetris Nicolaides. 或见 Graham, *Texts of Early Greek Philosophy*, 597 (text 139)。

27 Sextus Empiricus, *Against the Professors* 7.138–139, trans. Demetris Nicolaides. 或见 Graham, *Texts of Early Greek Philosophy*, 597 (text 140)。

28 同上。

29 同上，7.140, trans. Demetris Nicolaides。或见 Graham, *Texts of Early Greek Philosophy*, 309 (text 63)。

空间原子与时间原子

1 Diogenes Laërtius, *The Biography of Epicurus* 10.2–3.

2 Hesiod, *Theogony* 116.

3 还有一些常用的词，如“心理上”“理论上”和“数学上”。

4 亚里士多德认为，无组件的东西是不能动的。

5 Aristotle, *Physics* Z. 详述亚里士多德的复杂论点并非这本书的目的。对此感兴趣的读者可以参阅大卫·福莱的著作，其中有很好的分析，见 David J. Furley, *Two Studies in the Greek*

Atomists (Princeton, NJ: Princeton University Press, 1967), chap. 8。

6 亚里士多德认为，量子运动需要空间原子和时间原子的存在。如今，在现代量子力学中，运动就是量子性的。因此，若考虑亚里士多德的思想，一种新的量子力学就应该要求空间原子和时间原子也存在。

7 Furley, *Two Studies in the Greek Atomists*, 113–116.

8 Lucretius, *On the Nature of the Universe*, Books One and Two, trans. R. E. Latham (London: Penguin Books, 2005).

9 不过阿那克萨戈拉不这么认为。无限的可分性永远不会达到实际的最小量（如零尺寸），因为存在者永远不会不存在，不会变成非存在。相反，它始终会达到更小的量（如芝诺悖论所暗示的那样）。参见 Simplicius, *Physics* 164.17。

10 Lucretius, *On the Nature of the Universe*, 1.159–162 (14).

11 同上，1.175–176 (14)。

12 Carlo Rovelli, *Seven Brief Lessons on Physics* (New York: RiverHead Books, 2016), 43 (Kindle ed.).

13 语出爱因斯坦，引自 Jimena Canales, *The Physicist and the Philosopher: Einstein, Bergson, and the Debate That Changed Our Understanding of Time* (Princeton, NJ: Princeton University Press, 2016), 5。

14 语出柏格森，出处同上，45。

15 Rovelli, *Seven Brief Lessons on Physics*.

16 同上，62。

17 Lucretius, *On the Nature of the Universe* 1.459 (21).

18 同上，1.504-05 (22)。

19 Diogenes Laërtius (Epicurus's), *Letter to Herodotus* 10.61.

20 Lucretius, *On the Nature of the Universe* 2.234–237 (43).

21 Brian Greene, *The Elegant Universe: Superstrings, Hidden Dimensions, and the Quest for the Ultimate Theory* (New York: W. W. Norton & Company, 1999), 50.

22 同上。另见 World Science U, the courses on relativity for an animated and masterful explanation of this subtle point, http://www.worldscienceu.com/courses/university (accessed July 16, 2019)。

23 Diogenes Laërtius (Epicurus' s), *Letter to Herodotus* 10.46, trans. Furley, *Two Studies in the Greek Atomists*, 125.

24 Furley, *Two Studies in the Greek Atomists*, 123–125.

25 M. C. Escher, *29 Master Prints* (New York: Harry N. Abrams, 1983), 22.

26 颜色只是为了参照。另外，E原子也不能只由一个组件构成（正如亚里士多德所说的）。因此，这个正方形的无组件E原子就是一种不会带来麻烦的简化，不会改变这一论述的实质。

27 这里要注意一个细节：如果这个原子已经在移动了，比如右移，那么它有1/8的概率继续移动，若果真如此，它就不会偏转。但现实空间中的方向实在太多，所以继续朝同一个方向移动的概率微乎其微，而且无论如何也不可能一直都这样发生。

28 Carlo Rovelli, *Reality Is Not What It Seems* (New York: RiverHead Books, 2017), 217 (Kindle ed.).

或许，是命运的安排

1 Diogenes Laërtius (Epicurus's), *Letter to Menoeceus* 10.134, trans. David J. Furley, *Two Studies in the Greek Atomists* (Princeton, NJ: Princeton University Press, 1967), 174.

2 Lucretius, *On the Nature of the Universe* 2.218–219, trans. R. E. Latham (London: Penguin Books, 2005), 43.

3 Erwin Schrödinger, *What Is Life? & Mind and Matter* (Cambridge: Cambridge University Press, 1967).

4 更多细节可参见 Bertrand Russell, *Religion and Science* (New York: Oxford University Press, 1997), 154。

原子关系千万重

1 Stephen Greenblatt, *The Swerve: How the World Became Modern* (New York: W. W. Norton, 2011).

2 也称《宇宙性质论》(*On the Nature of the Universe*)。

3 《物性论》的现代版本的导论中提到了这点，见Lucretius, *On the Nature of the Universe*, trans. R. E. Latham (London: Penguin Books, 2005), xxiii。

4 Bertrand Russell, *The History of Western Philosophy* (New York: Simon & Schuster, 1945), 251.

5 Andrew Gregory, *Eureka! The Birth of Science* (Cambridge: Icon Books, 2001), 138.

6 David J. Furley, *Two Studies in the Greek Atomists* (Princeton, NJ: Princeton University Press, 1967), v.

7 Lucretius, *On the Nature of the Universe* 2.226–227 (43), 2.156 (41n15)。这本书比较了伊壁鸠鲁和亚里士多德关于落体的理论。

8 Daniel Kolac and Garrett Thomson, *The Longman Standard History of Philosophy* (New York: Pearson, 2005), 253.

9 Erwin Schrödinger, *Nature and the Greeks and Science and Humanism* (Cambridge: Cambridge University Press, 1996), 75.

10 所有学数学的学生都要学习卡氏几何（Cartesian geometry，即x-y坐标系），之所以如此命名，是因为卡尔特修（Cartesius）是笛卡尔的拉丁语名。

11 Schrödinger, *Nature and the Greeks*, 82–83.

12 Anthony Grafton, Glenn W. Most, and Salvatore Settis (eds.), *The Classical Tradition* (Cambridge, MA: The Belknap Press of Harvard University Press, 2010), 323.

13 Furley, *Two Studies in the Greek Atomists*, 136.

14 浸于流体中的微小粒子的曲折运动。

15 Russell, *History of Western Philosophy*, 776.

16 Carlo Rovelli, *Reality Is Not What It Seems* (New York: RiverHead Books, 2017), 41 (Kindle ed.).

17 Daniel Kolac and Garrett Thomson, *The Longman Standard History of Philosophy* (New York: Pearson, 2005), 253.

18 他那本著名的《自然哲学的数学原理》(*Philosophiae Naturalis Principia Mathematica*)就是用拉丁文写成的。

19 Karl R. Popper, *Conjectures and Refutations: The Growth of Scientific Knowledge* (London: Routledge, 1989), 87.

20 同上，81; Gregory, *Eureka*, 55–59。

21 Bruce Thornton, *Greek Ways: How the Greeks Created Western Civilization* (San Francisco: Encounter Books, 2002); Carl Sagan, *Cosmos* (New York: Random House, 1980), chap. 7; G. E. R. Lloyd, *Early Greek Science: Thales to Aristotle* (New York: W. W. Norton & Company, 1970); Gregory, *Eureka*; Russell, *History of Western Philosophy*; Isaac Asimov, *The Greeks; A Great Adventure* (Boston: Houghton Mifflin, 1965); Leon Lederman and Dick Teresi, *The God Particle: If the Universe Is the Answer, What Is the Question?* (Boston: Houghton Mifflin, 1993), chap. 2; Popper, *Conjectures and Refutations*; Rovelli, *Reality Is Not What It Seems*; Schrödinger, *Nature and the Greeks*, 3–99; Stephen Bertman, *The Genesis of Science: The Story of Greek Imagination* (New York: Prometheus Books, 2010); Werner Heisenberg, *Physics and Philosophy: The Revolution in Modern Science* (New York: Harper Torchbooks, 1962).

参考书目

Asimov, Isaac. *Asimov's Chronology of Science and Discovery*. New York: HarperCollins, 1989.

Asimov, Isaac. *Asimov's Chronology of the World*. New York: HarperCollins, 1991.

Asimov, Isaac. *The Greeks; A Great Adventure*. Boston: Houghton Mifflin, 1965.

Asimov, Isaac. *Understanding Physics*. US: Dorset Press, 1988.

Baker, Joanne. *50 Physics Ideas You Really Need to Know*. London: Quercus, 2007.

Bertman, Stephen. *The Eight Pillars of Greek Wisdom*. New York: Barnes & Noble, 2007.

Bertman, Stephen. *The Genesis of Science: The Story of Greek Imagination*. Kindle ed. Amherst, NY: Prometheus Books, 2010.

Boardman, John, Jasper Griffin, and Oswyn Murray, eds. *The Oxford Illustrated History of Greece and the Hellenistic World*. Oxford: Oxford University Press, 1986.

Brunschwig, Jacques, and Geoffrey E. R. Lloyd. *Greek Thought: A Guide to Classical Knowledge*. Cambridge, MA: Belknap Press of Harvard University Press, 2000.

Brunschwig, Jacques, and Geoffrey E. R. Lloyd. *A Guide to Greek*

Thought: Major Figures and Trends. Cambridge, MA: Belknap Press of Harvard University Press, 2003.

Burckhardt, Jacob. *The Greeks and Greek Civilization*. Edited by Oswyn Murray. Translated by Sheila Stern. New York: St. Martin' s Griffin, 1999.

Burkert, Walter. *Greek Religion: Archaic and Classical*. Translated by John Raffan. Malden, MA: Blackwell, 1985.

Burnet, John. *Early Greek Philosophy*. London: A & C Black, 1920.

Canales, Jimena. *The Physicist and the Philosopher: Einstein, Bergson, and the Debate That Changed Our Understanding of Time*. Princeton, NJ: Princeton University Press, 2016.

Cox, Brian, and Jeff Forshaw. *Why Does $E=mc^2$?: (And Why Should We Care?)*. Kindle ed. Boston: Da Capo Press, 2009.

Dalling, Robert. *The Story of Us Humans, From Atoms to Today's Civilization*. New York: iUniverse, 2006.

Davies, P. C. W., and Julian Brown. *Superstrings: A Theory of Everything?* Cambridge: Cambridge University Press, 1992.

Economou, Eleftherios N. *A Short Journey from Quarks to the Universe*. Berlin: Springer, 2011.

Einstein, Albert. *Relativity: The Special and the General Theory*. Kindle ed. Amazon Kindle Direct Publishing, 2011.

Feynman, Richard P. *The Meaning of It All*. New York: Basic Books, 1998.

Feynman, Richard P. *Six Easy Pieces*. New York: Perseus, 1963.

Feynman, Richard P. *Six Not So Easy Pieces*. New York: Perseus, 1963.

Freeman, Charles. *The Greek Achievement: The Foundation of the Western World*. New York: Penguin Books, 2000.

Freeman, Kathleen. *Ancilla to the Pre-Socratic Philosophers*. Cambridge, MA: Harvard University Press, 1996.

Furley, David J. *Two Studies in the Greek Atomists*. Princeton, NJ:

Princeton University Press, 1967.

Graham, Daniel W. *Explaining the Cosmos: The Ionian Tradition of Scientific Philosophy*. Princeton, NJ: Princeton University Press, 2006.

Graham, Daniel W. *The Texts of Early Greek Philosophy: The Complete Fragments and Selected Testimonies of the Major Presocratics*. Translated by W. Daniel Graham. Cambridge: Cambridge University Press, 2010.

Graves, Robert. *The Greek Myths*. London: Penguin Group, 1955.

Greene, Brian. *The Elegant Universe: Superstrings, Hidden Dimensions, and the Quest for the Ultimate Theory*. New York: W. W. Norton & Company, 1999.

Greene, Brian. *The Fabric of the Cosmos: Space, Time, and the Texture of Reality*. New York: Vintage, 2005.

Greene, Brian. *The Hidden Reality: Parallel Universes and the Deep Laws of the Cosmos*. New York: Vintage, 2011.

Gregory, Andrew. *Ancient Greek Cosmogony*. Kindle ed. London: Bloomsbury, 2008.

Gregory, Andrew. *Eureka! The Birth of Science*. Cambridge: Icon Books, 2001.

Hamilton, Edith. *The Greek Way*. New York: W. W. Norton & Company, 1930.

Hawking, Stephen. *A Brief History of Time: From the Big Bang to Black Holes*. New York: Bantam Books, 1988.

Heisenberg, Werner. *Physics and Philosophy: The Revolution in Modern Science*. New York: Harper Torchbooks, 1962.

James, Renée C. *Seven Wonders of the Universe: That You Probably Took for Granted*. Baltimore: Johns Hopkins University Press, 2011.

Kaku, Michio. *Einstein's Cosmos: How Albert Einstein's Vision Transformed Our Understanding of Space and Time*. New York: W.

W. Norton & Company, 2004.

Kaku, Michio, and Jennifer Trainer Thompson. *Beyond Einstein: The Cosmic Quest for the Theory of the Universe*. Revised ed. New York: Anchor, 1995.

Kirk, G. S., J. E. Raven, and M. Schofield. *The Presocratic Philosophers*. Cambridge: Cambridge University Press, 1983.

Kolac, Daniel, and Garrett Thomson. *The Longman Standard History of Philosophy*. New York: Pearson, 2005.

Lederman, Leon, and Dick Teresi. *The God Particle: If the Universe Is the Answer, What Is the Question?* Boston: Houghton Mifflin, 1993.

Lightman, Alan. *Great Ideas in Physics*. 3rd. ed. New York: McGraw-Hill, 2000.

Lindberg, David C. *The Beginnings of Western Science: The European Scientific Tradition in Philosophical, Religious, and Institutional Context, Prehistory to A.D. 1450*. 2nd ed. Chicago: University of Chicago Press, 2008.

Lindley, David. *Uncertainty: Einstein, Heisenberg, Bohr, and the Struggle for the Soul of Science*. New York: Anchor, 2008.

Lloyd, G. E. R. *Early Greek Science: Thales to Aristotle*. New York: W. W. Norton & Company, 1970.

Lloyd, G. E. R. *Greek Science after Aristotle*. New York: W. W. Norton & Company, 1973.

Lucretius. *On the Nature of the Universe*. Translated by R. E. Latham. London: Penguin Books, 2005.

McKirahan, Richard D. *Philosophy Before Socrates*. Kindle ed. Indianapolis: Hackett, 2010.

Mourelatos, Alexander P. D., ed. *The Pre-Socratics: A Collection of Critical Essays*. Garden City, NY: Doubleday and Company, 1974.

Oppenheimer, Robert J. *Science and the Common Understanding*. New York: Simon & Schuster, 1954.

Pais, Abraham. *Subtle Is the Lord: The Science and the Life of Albert Einstein*. New York: Oxford University Press, 2005.

Pomeroy, Sarah B., Stanley M. Burstein, Walter Donlan, and Jennifer Tolbert Roberts. *A Brief History of Ancient Greece: Politics, Society, and Culture*. 2nd ed. Oxford: Oxford University Press, 2008.

Popper, Karl R. *Conjectures and Refutations: The Growth of Scientific Knowledge*. London: Routledge, 1989.

Randall, Lisa. *Knocking on Heaven's Door: How Physics and Scientific Thinking Illuminate the Universe and the Modern World*. New York: Harper Perennial, 2011.

Randall, Lisa. *Warped Passages: Unraveling the Mysteries of the Universe's Hidden Dimensions*. New York: Ecco, 2005.

Ridley, B. K. *Time, Space and Things*. 2nd ed. Cambridge: Cambridge University Press, 1984.

Rosenblum, Bruce, and Fred Kuttner. *Quantum Enigma: Physics Encounters Consciousness*. 2nd ed. Oxford: Oxford University Press, 2011.

Rovelli, Carlo. *The First Scientist: Anaximander and His Legacy*. Kindle ed. Translated by Marion Lignana Rosenberg. Yardley: Westholme, 2011.

Rovelli, Carlo. *Reality Is Not What It Seems*. Kindle ed. New York: RiverHead Books, 2017.

Rovelli, Carlo. *Seven Brief Lessons on Physics*. Kindle ed. New York: RiverHead Books, 2016.

Russell, Bertrand. *The History of Western Philosophy*. New York: Simon & Schuster, 1945.

Russell, Bertrand. *The Scientific Outlook*. London: Routledge, 2009.

Sagan, Carl. *Cosmos*. New York: Random House, 1980.

Schrödinger, Erwin. *Nature and the Greeks and Science and Humanism*. Cambridge: Cambridge University Press, 1996.

Schrödinger, Erwin. *What Is Life? & Mind and Matter*. Cambridge: Cambridge University Press, 1967.

Sean, Carroll. *The Big Picture: On the Origins of Life, Meaning, and the Universe Itself*. Kindle ed. New York: Penguin, 2016.

Sean, Carroll. *The Particle at the End of the Universe*. New York: Dutton, 2012.

Strogatz, Steven. *The Joy of x: A Guided Tour of Math, from One to Infinity*. Kindle ed. New York: Houghton Mifflin Harcourt, 2012.

Thornton, Bruce. *Greek Ways: How the Greeks Created Western Civilization*. San Francisco: Encounter Books, 2002.

Vlastos, Gregory. *Studies in Greek Philosophy: Volume 1 The Presocratics*. Princeton, NJ: Princeton University Press, 1993.

Waterfield, Robin. *The First Philosophers: The Presocratics and Sophists*. Oxford: Oxford University Press, 2000.

译名对照表

A Treatise of Human Nature《人性论》
absolute zero 绝对零度
action-reaction law 反作用定律（牛顿第三运动定律）
Achilles 阿基里斯
Aëtius 安提乌斯
amphibia 两栖动物
Anaxagoras 阿那克萨戈拉
Anaximander 阿那克西曼德
Anaximenes 阿那克西美尼
anti-earth 反地球
antielectrons 反电子
antigravity，or repulsive gravity 反引力
antileptons 反轻子
antimatter 反物质
antiparticle (s), of antimatter 反物质的反粒子
antiquarks 反夸克
Antisthenes 安提斯泰尼
apeiron 阿派朗
aphelion 远日点
Apollo 阿波罗
apparent orbit 视轨道
Aristarchus 阿里斯塔克
Aristotle 亚里士多德
arrow paradox 飞矢不动悖论
arrow of time 时间箭头
Ascending and Descending《升与降》
asceticism 禁欲
Asia (Minor) 小亚细亚
asymmetry 不对称
atomic theory 原子论
atom (s) 原子
axiom (s) 公理

Babylonians 巴比伦人
Bacon, Francis 弗朗西斯·培根

Being (s) 存在
Bell's inequality 贝尔不等式
Bell, John Stewart 约翰·贝尔
Bergson, Henri 亨利·柏格森
big bang 大爆炸
big crunch 大崩坠
Bishop Berkeley 贝克莱主教
black hole (s) 黑洞
block universe 块状宇宙
Bohr, Niels 尼尔斯·玻尔
Boltzmann, Ludwig 路德维希·玻尔兹曼
boundless 无界
Boscovich, Roger Joseph 鲁杰罗·朱塞佩·博斯科维奇
Boyle, Robert 罗伯特·波义耳
Bruno, Giordano 乔尔丹诺·布鲁诺
Burnet, John 约翰·伯奈特

calculus 微积分
calendar year 日历年
carbon-14 碳-14
causality 因果关系
cave art 洞穴壁画
Central Fire(in Pythagorean cosmology) 中心火（毕达哥拉斯的宇宙论）
centrifuge 离心机
chance 偶然性
change(in Heraclitus's philosophy) 变化（赫拉克利特的哲学）
Chaos (or chaos) 卡俄斯（或混沌）
chemistry 化学
Chios 希俄斯岛
Chronos 柯罗诺斯
Chrysippus 克利西波斯
Cicero 西塞罗
cinematography 摄影学
classical physics 经典物理学
claustrophobia 幽闭恐惧症
clepsydra 滴漏壶
color charge 色荷
comet (s) 彗星
condensation (in Anaximenes philosophy) 凝结（阿那克西美尼的哲学）
consciousness 意识
conservation 守恒
continuum 连续体
Copenhagen interpretation 哥本哈根解释
Copernicus, Nicolaus 哥白尼
cosmic calendar 宇宙历
Cosmic Dark Ages 宇宙黑暗时代
cosmic direction 宇宙方向
cosmic inflation 宇宙膨胀
cosmic microwave background 宇宙微波背景辐射
cosmic speed 宇宙速度

cosmology 宇宙学
cosmos 宇宙
critical phase transition 临界相变
Croesus, King 国王克洛伊索斯
Croton 克罗顿
cubism 立体主义
curvature 曲率

Dalton, John 约翰·道尔顿
Dante, Alighieri 但丁
dark energy 暗能量
dark matter 暗物质
deductive reasoning 演绎推理
Delphi 德尔斐
dematerializing 非物质化
Democritus 德谟克利特
Descartes, René 笛卡尔
determinism 决定论
deuterium 氘
dialectic 辩证法
Dialogue Concerning the Two Chief World Systems《关于托勒密和哥白尼两大世界体系的对话》
dichotomy paradox 二分法悖论
dimensions 维度
Dionysus 狄俄尼索斯
Dirac, Paul 保罗·狄拉克
Discourses and Mathematical Demonstrations Relating to Two New Sciences《关于两门新科学的谈话和数学证明》
diversity 多样性

eclipse (s) 日食/月食
Ecphantus 厄克方图
Einstein, Albert 爱因斯坦
Elea 爱利亚
electric charge 电荷
electric force 电场力
electromagnetic (force) 电磁（力）
electromagnetism 电磁学
electrons 电子
electroweak (force) 电弱（力）
elements (of Empedocles，earth, water, air, fire) 元素（恩培多克勒的土、水、空气、火）
Elements《几何原本》
emergentism 涌现论
Empedocles 恩培多克勒
empty space 空的空间
energy 能量
entropy 熵
Epicurus 伊壁鸠鲁
Episteme 知识
equivalence of mass and energy 质能等价理论
Escher, Maurits Cornelis 埃舍尔
ether 以太
Euripides 欧里庇得斯
event horizon 事件视界

Hippasus希伯斯
Homer荷马
hominid (s)原始人
*Homo sapiens*智人
Hubble Space Telescope哈勃太空望远镜
Hubble's law哈勃定律
Hubble, Edwin哈勃
Hume, David大卫·休谟
hylozoism物活论

Iliad《伊利亚特》
indeterminism (quantum)非决定论（量子）
inertia惯性
Inquisition宗教裁判所
integers整数
intellect and the senses智力和感官
interconnectivity相互联系
Internet互联网
irrational, number (s)无理数
Isis (Egyptian goddess)伊西斯（埃及女神）
isotropy (or isotropic)各向同性（或各向同性的）
Ithaca伊萨卡

Jefferson, Thomas托马斯·杰斐逊
Jupiter木星

Kepler, Johannes开普勒
kinematics运动学
Koch snowflakes科赫曲线

Large Hadron Collider大型强子对撞机
law of the resolving power states分辨力状态定律
Lederman, Leon利昂·莱德曼
Leibniz, Gottfried Wilhelm戈特弗里德·莱布尼茨
Lemaître, Georges乔治·勒梅特
length contraction (in special relativity)长度收缩（狭义相对论）
length scale长度尺度
leptons (particles of matter)轻子（物质粒子）
Leucippus留基伯
Library of Alexandria亚历山大图书馆
light光
Locke, John约翰·洛克
Logos (in Heraclitean philosophy)逻各斯（赫拉克利特的哲学）
loop quantum gravity圈量子引力
Lorentz transformation洛伦兹变换
Lucretius卢克莱修

Spheres《天体运行论》
Oppenheimer, J. Robert尤利乌斯·罗伯特·奥本海默
Osiris (Egyptian god)奥西里斯（埃及神祇）
Ostwald, Wilhelm威廉·奥斯特瓦尔德

parable of the cave洞穴寓言
Parmenides (or Parmenidean)巴门尼德（巴门尼德式）
Parthenon帕特农神庙
particles, virtual虚粒子
Pericles伯里克利
perihelion近日点
periodic table of chemistry化学元素周期表
Philolaus菲洛劳斯
photoelectric effect光电效应
photon (s) (the particles of light)光子（光的粒子）
Pi圆周率
Planck, Max马克斯·普朗克
Planck constant普朗克常数
Planck length普朗克长度
Planck time普朗克时间
Planet of the Apes《人猿星球》
Plato柏拉图
Platonic Forms柏拉图式理型
plenum实空
Pleiades七姐妹星团（昴星团）
Podolsky, Boris鲍里斯·波多尔斯基
polytheism多神论
Popper, Karl卡尔·波普尔
positron (s)正电子
position-velocity uncertainty principle位置–速度不确定性原理
pre-Socratics前苏格拉底时代
primary substance (s) (of matter, of the universe)基本实体（物质和宇宙的基本实体）
primates灵长类
probability概率
proton (s)质子
pyramid (s)金字塔
Pythagoras (or Pythagorean [s])毕达哥拉斯（毕达哥拉斯学派）
Pythagorean theorem毕达哥拉斯定理

quantum entanglement量子纠缠
quantum event (s)量子事件
quantum geometry量子几何
quantum gravity量子引力
quantum jump量子跃迁
quantum mechanics (or physics, or theory)量子力学（量子物理学、量子理论）
quantum numbers (or set)量子数

对称的）

technology 技术
Thales 泰勒斯
The God Particle《上帝粒子》
The Harmonies of the World《世界的和谐》
The Republic《理想国》
The System of the World《宇宙体系》
Theogony《神谱》
Theophrastus 泰奥弗拉斯多
theory of everything 万物理论
theory of limits 极限理论
thermodynamics 热力学
Thomson, J. J. 约瑟夫・约翰・汤姆逊
Timaeus《蒂迈欧篇》
time atoms 时间原子
time dilation 时间膨胀
time paradox 时间悖论
time travel 时间旅行

uncertainty principle (s) 不确定性原理
universal gravitation 万有引力
universal substance 普遍实体
universality, in fractals 分形普遍性
universe 宇宙
uranium 铀

vacuum 真空
vacuum energy 真空能量
velocity 速度
Venus 金星
virtual particles 虚粒子
void 虚空
vortex 涡旋

W's (W^+ and W^-, particles of the weak force)W 玻色子（W^+和 W^-，弱力粒子）
wave function (s) 波函数
wave-particle duality 波粒二象性
weight 重量
Weinberg, Steven 史蒂文・温伯格
What is Life?《生命是什么？》
Wheeler, John Archibald 约翰・阿奇博尔德・惠勒

Z's (Z^0, particles of the weak force)Z 玻色子（Z^0，弱力粒子）
Zeno 芝诺

致谢

我要感谢我的各位老师，包括我的博士生导师亚历山大·利桑斯基（Alexander A. Lisyansky）教授和雅各布·纽伯格（Jacob Neuberger）教授，感谢他们给予我的教导与考验。感谢我的学生们，他们对知识的渴望让我不断向前迈进。

我要感谢物理学家沃尔特·波尔科斯尼克（Walter Polkosnik）、哲学家理查德·麦克拉汉（Richard D. McKirahan）和科学史学家约瑟夫·马丁（Joseph D. Martin），感谢他们为本书提供的建设性评论和全面的支持。

我尤其要感谢牛津大学出版社的一位匿名审稿人，他对手稿的深入阅读以及给出的缜密的评论和建议，无疑使本书得到了重大改进。

我永远感谢我的文学经纪人南希·罗森菲尔德（Nancy

Rosenfeld），感谢她的善良、智慧、指引，以及给全世界作家带来的希望。

我要感谢布卢姆菲尔德学院（Bloomfield College）给了我研究本书主题的机会。

牛津大学出版社全员都应该因他们的辛勤工作而得到特别表彰。我有幸与之交流的编辑杰里米·刘易斯（Jeremy Lewis）、编辑助理布朗温·盖尔（Bronwyn Geyer）、项目经理拉杰什·卡塔穆图（Rajesh Kathamuthu）和编辑莱斯利·约翰逊（Leslie Johnson），我要对他们表示衷心的感谢！

我还要感谢我的妻子安娜对我研究的持续支持，也感谢我们的女儿玛丽亚－克里斯蒂娜，她问了那么多关于这个世界的问题，其中的一些已经被写进了这本书中。

图书在版编目 (CIP) 数据

原子、苏格拉底和量子物理 : 追寻万物理论 / (美) 德梅特里斯·尼古拉德斯 (Demetris Nicolaides) 著 ; 李磊译 . -- 上海 : 文汇出版社 , 2025.3 -- ISBN 978-7-5496-4373-8

Ⅰ. B502; O413

中国国家版本馆 CIP 数据核字第 20249JU144 号

原子、苏格拉底和量子物理：追寻万物理论

作　　者 / ［美］德梅特里斯 · 尼古拉德斯
译　　者 / 李　磊
责任编辑 / 戴　铮
封面设计 / 王梦珂
版式设计 / 汤惟惟
出版发行 / **文匯**出版社
　　　　　上海市威海路 755 号
　　　　　（邮政编码：200041）
经　　销 / 全国新华书店
印刷装订 / 上海中唱印刷有限公司
版　　次 / 2025 年 3 月第 1 版
印　　次 / 2025 年 3 月第 1 次印刷
开　　本 / 889 毫米 ×1194 毫米　1/32
字　　数 / 165 千字
印　　张 / 11.25
书　　号 / ISBN 978-7-5496-4373-8
定　　价 / 75.00 元